BUR

Nella stessa collana

John Gottman (con Joan DeClaire)
Intelligenza emotiva per un figlio

Andrew G. Marshall
Proteggi il tuo matrimonio dai figli

Gustavo Pietropolli Charmet e Laura Turuani
Narciso innamorato

Laura Turuani e Davide Comazzi
Mamme avatar

Caro Lettore,

la collana Parenting che qui presento è il frutto di una collaborazione con BUR nata per offrire a tutti – genitori, educatori, insegnanti – alcuni strumenti **per conoscere meglio i ragazzi di oggi**, i loro rapporti e le loro esigenze.

Nella mia esperienza di terapeuta, fondata sull'attenzione al mondo dei bambini e degli adolescenti, ho riscontrato nell'ultimo decennio un aumento della domanda di supporto da parte degli adulti, sempre meno a loro agio nella comprensione delle nuove generazioni. La società di oggi muta sempre più velocemente: **i ragazzi di oggi non sono i ragazzi di vent'anni fa**, e nemmeno di dieci. Sempre più, quindi, gli adulti faticano a reperire nella memoria della loro gioventù gli strumenti, e gli esempi di vita, utili a capire i più giovani. Allo stesso modo, anche molti libri che hanno aiutato generazioni di adulti e insegnanti nel loro difficile compito ora cominciano a mostrare i segni del tempo, proponendo modelli e soluzioni sempre meno efficaci.

Per questo motivo abbiamo intrapreso con BUR un lavoro di ricerca di testi adatti al mondo di oggi: lo abbiamo fatto da lettori, proponendo libri stranieri importanti per il pubblico italiano; da editori, andando a ritrovare quei titoli "classici" che ancora oggi hanno molto da dire; soprattutto lo abbiamo fatto da ricercatori, proponendo **tematiche nuove e sviluppandole in testi inediti, grazie ad alcuni tra i più autorevoli conoscitori del mondo dell'infanzia e adolescenza**. Una pubblicazione completa, quindi, che parta dalle esigenze più pressanti di genitori ed educatori e offra loro **conoscenze reali e soluzioni concrete** ai problemi che si trovano ad affrontare ogni giorno.

Questo è l'obiettivo del nostro lavoro: proporre in un percorso esaustivo tutti gli strumenti che servono a intraprendere questo importante **viaggio verso la comprensione e la costruzione della nuova famiglia**.

Perché se il mondo è cambiato radicalmente, e i nostri figli sono così diversi, rimangono immutati il privilegio e la gioia di poterli accogliere alla nascita, accompagnarli nella crescita e aiutarli a diventare adulti.

Ed è per loro che noi abbiamo bisogno di diventare **genitori e insegnanti nuovi**, che sappiano comprenderli e offrir loro il supporto necessario: questa è la missione della collana Parenting.

Gustavo Pietropolli Charmet

GUSTAVO PIETROPOLLI CHARMET è uno dei più importanti psichiatri e psicoterapeuti italiani. È stato primario in diversi ospedali psichiatrici e docente di Psicologia Dinamica all'Università Statale di Milano e all'Università di Milano Bicocca. Nel 1985, con l'appoggio di Franco Fornari e con altri soci, ha fondato l'Istituto Minotauro di cui è stato presidente fino al 2011. Attualmente è docente della Scuola di Psicoterapia dell'Adolescenza ARPAD Minotauro, presidente del CAF Onlus Centro Aiuto al Bambino Maltrattato e alla Famiglia in Crisi di Milano e Direttore Scientifico dell'Osservatorio Giovani IPRASE di Trento. È autore di numerosi saggi sull'adolescenza.

ANNA
OLIVERIO FERRARIS

DAI FIGLI NON SI DIVORZIA

Separarsi e rimanere
buoni genitori

BUR parenting

ISBN 978-88-17-08016-3

Prima edizione Rizzoli 2005
Prima edizione BUR 2006
Prima edizione BUR Parenting aprile 2015

DAI FIGLI NON SI DIVORZIA

Introduzione

UN DIVORZIO, TANTI DIVORZI

C'era un tempo in cui pensavo di amare la mia prima moglie più della stessa vita. Ma ora non la sopporto. Come spiegarlo? Cosa è successo a quell'amore? Questo è quello che vorrei sapere e spero che qualcuno me lo possa dire.

RAYMOND CARVER

Le profonde trasformazioni di carattere sociale, culturale, economico e organizzativo che si sono verificate negli ultimi decenni hanno posto la libertà individuale al centro dei valori, identificandola come condizione indispensabile per l'autorealizzazione. Nella vita di coppia, oggi, molti giovani cercano, come un tempo, la stabilità e l'amore, ma anche stimoli per una crescita personale. A differenza di un tempo, però, tollerano meno le limitazioni e i sacrifici.

Perciò, se non si raggiungono gli obiettivi auspicati, se le regole di collaborazione stabilite all'inizio della convivenza non sono rispettate, se uno dei due partner si rivela diverso da come appariva oppure evolve in una direzione mentre l'altro segue tutt'altra strada, la coppia perde di coesione: iniziano le incomprensioni, si diventa diffidenti, nascono i primi screzi, si evita di parlare o, quando si parla, si scopre di essere sempre più spesso in rotta di collisione. A quel punto, la costruzione di una famiglia che duri nel tempo, con una sua storia e un suo progetto, basata su un accordo di fondo, appare sempre più difficile da realizzare. Ciò che prima si affrontava con entusiasmo viene ora vissuto come un peso. Delusione dopo delusione, incomprensione dopo incomprensione, scontro dopo scontro, silenzio dopo silenzio, si arriva così allo scioglimento del matrimonio.

È cambiata la coppia ed è cambiata la famiglia. Una moglie, specialmente quando ha un lavoro fuori casa, si attende dal marito un maggior impegno domestico e nei confronti dei figli. Mentre in passato, infatti, i ruoli del padre e della madre erano complementari, "specializzati" e sanciti dalla tradizione, oggi essi sono sempre più simmetrici e intercambiabili: è compito di lui e di lei trovare un equilibrio tra le diverse esigenze e aspirazioni individuali, conciliando impegni familiari e impegni extrafamiliari.

A questi cambiamenti sul piano sociale si sono affiancati rilevanti cambiamenti su quello legislativo: primo tra tutti l'introduzione del divorzio, che in Italia è avvenuta solo nel 1970 (L. n. 898 del 1° dicembre) a seguito di un referendum popolare. Prima di allora il Codice civile del 1942 disponeva che il matrimonio non si sciogliesse che con la morte di uno dei coniugi. In famiglia ci potevano essere incomprensioni, odi, violenze, a volte abusi, ma il vincolo perdurava, così come l'obbligo di convivenza.

Il divorzio secondo la legge

La legge del 1970 è stata modificata una prima volta nel 1978 e una seconda volta, in modo più ampio, nel 1987, allo scopo di assicurare una maggiore tutela al coniuge più debole e alla prole e di accelerare il conseguimento del divorzio o "scioglimento del matrimonio".

Nel nostro diritto, il divorzio è lo scioglimento giudiziale del vincolo coniugale quando la comunione spirituale e materiale dei coniugi è diventata impossibile. Questa impossibilità è accertabile dal giudice in presenza di almeno una delle seguenti cause:

- reati gravissimi a carico di un coniuge;
- non consumazione del matrimonio;
- mutamento di sesso di un coniuge;
- divorzio o nuovo matrimonio all'estero dell'altro coniuge che sia cittadino straniero;
- separazione legale dei coniugi protrattasi ininterrottamente per un triennio.

La nozione di scioglimento coincide con quella di cessazione degli effetti civili del matrimonio e determina, nel rapporto tra gli ex coniugi, l'estinzione dei reciproci diritti-doveri quali la coabitazione, l'assistenza morale e materiale, la collaborazione, i diritti ereditari. Permane tra essi un dovere di solidarietà postconiugale che si può manifestare in vari obblighi di assistenza economica. Rimangono immutati i doveri verso i figli e la titolarità della potestà genitoriale. L'esercizio di quest'ultima, invece, compete al genitore affidatario.

Prima di giungere alla sentenza di divorzio, nella grande maggioranza dei casi, la coppia vive in una condizione di *separazione*. Questo rappresenta uno stato transitorio di sospensione dei diritti e dei doveri che derivano dal matrimonio e può evolvere nella riconciliazione, e quindi nella ripresa della convivenza coniugale, oppure nella definitiva estinzione di quest'ultima attraverso la sentenza di divorzio, che può essere ottenuta, dopo tre anni di separazione legale, anche per iniziativa di un solo coniuge.

La legge italiana riconosce due forme di separazione: *giudiziale* e *consensuale*. Entrambe richiedono l'intervento del giudice ma la funzione e l'importanza di tale intervento sono completamente diverse nei due casi. Nella separazione consensuale sia la decisione di separarsi sia gli accordi spettano ai coniugi e il tribunale si limita a confermarli dando a essi valore legale; la separazione giudiziale invece è dichiarata dal tribunale con sentenza e può essere chiesta anche da un solo coniuge.

L'introduzione del divorzio nel nostro Paese ha avuto innanzitutto l'effetto di rendere visibili nuove strutture familiari: per esempio, quelle con genitori non sposati, quelle con un solo genitore, quelle in cui i nonni svolgono la funzione genitoriale, le famiglie ricostituite, quelle adottive e quelle, ormai così numerose da costituire la normalità, in cui entrambi i genitori hanno un'attività lavorativa al di fuori delle mura domestiche. Il divorzio, inoltre, può essere considerato una sorta di protezione degli individui, in quanto assicura la possibilità di porre fine a una situazione conflittuale o insostenibile e, dunque, fonte di sofferenza. D'altro canto i rapporti tra le persone non sono immutabili né definiti una volta per sempre, ma soggetti a trasformazione, cosa che non sempre è positiva.

Il divorzio come processo psicosociale

Nel consentire di interrompere un legame, il diritto riconosce che la libertà e il benessere personale siano valori universali; non prende però in considerazione, non ritenendoli inerenti alla propria specifica area di competenza, i risvolti emotivi che comporta l'istituto della separazione/

divorzio. Per tutti coloro che attraversano l'esperienza del divorzio, la dimensione legale è invece soltanto uno degli aspetti di un processo psicosociale più complesso.

Uno dei primi studiosi che considerò il divorzio e la separazione nella loro complessità psicologica e sociale fu lo psicologo Paul Bohannan, che nel 1970 identificò sei "gradi", o dimensioni, di questa vicenda esistenziale: emozionale, legale, economico, comunitario, genitoriale, psicologico. Quando una coppia divorzia può avere problemi in tutti questi ambiti contemporaneamente, oppure soltanto in alcuni.

Il *divorzio emozionale* può verificarsi molto prima che la coppia si separi fisicamente o, al contrario, può rimanere a lungo incompiuto anche dopo che è stata emessa la sentenza di divorzio. La fine di un matrimonio è la frattura di un patto che avviene a due livelli: quello della "dichiarazione d'impegno", che è ufficiale, e quello del "patto segreto", che è interiore, emotivo. Spesso si verificano situazioni in cui coloro che hanno sciolto il patto a livello ufficiale non riescono a fare altrettanto a livello intimo. L'intimità vissuta insieme ha creato un legame di attaccamento che non si interrompe a comando. Alcuni ne temono la fine e per esorcizzarla continuano a mantenere un legame, anche se basato sulla reciproca sopportazione o su una persistente ostilità. Si crea così una situazione ambigua che coinvolge non soltanto gli ex coniugi ma anche i figli, i nuovi partner, i parenti e gli amici. Tutti quanti ricevono messaggi confusi e ambivalenti: il rapporto è finito a livello ufficiale ma continua in modo sotterraneo.

Il *divorzio legale*, se avviene dopo che è già stato elaborato quello emozionale e materiale (che richiede di adattarsi a vivere senza la presenza del coniuge) sarà meno traumatico; in questo caso infatti i partner separati non hanno la necessità di usare il tribunale per vendicarsi, per dimostrare che l'altro ha torto in ogni iniziativa che prende o non prende, per punire l'ex usando la carta dell'affido dei figli o dell'assegno di mantenimento.

Il *divorzio economico* in molte famiglie provoca difficoltà finanziarie, oppure le aggrava quando già esistono. Tuttavia, anche nelle famiglie agiate l'assegno mensile e la suddivisione dei beni possono essere all'origine di contenziosi di varia natura, tanto più che ogni parte della proprietà comune è legata a ricordi da cui alcuni non riescono a separarsi facilmente.

Il *divorzio comunitario* prevede la rottura o l'indebolimento di alcuni rapporti significativi con gli amici comuni, con i parenti acquisiti, con i colleghi dell'ex partner e l'abbandono da parte di uno dei due del luogo di residenza e del vicinato. Lasciare un ambiente familiare può essere particolarmente doloroso tanto per gli adulti che per i bambini e spesso uno dei compiti più difficili da affrontare in seguito alla divisione è proprio la graduale ricostruzione di una rete di rapporti sociali. Non di rado i partner possono essere indotti a cercare rifugio e sostegno nella famiglia d'origine: il figlio o la figlia che torna a casa come un boomerang riesce qualche volta a mantenere la propria indipendenza emotiva e il proprio status di genitore; altre volte invece ritorna dipendente dai propri genitori, presso i quali può cercare comprensione, protezione, sostegno economico. In alcuni casi, poi, sono i figli della coppia divisa che vengono di fatto affidati ai nonni.

Il divorzio dovrebbe mettere fine soltanto al matrimonio, non alla genitorialità; ma nella realtà molte coppie finiscono per divorziare anche dai figli, qualche volta sospinti dalle azioni legali degli avvocati, impegnati a ottenere il massimo per il proprio cliente. Il *divorzio genitoriale* si verifica quando uno stato di conflittualità permanente o la scarsa partecipazione di uno dei due non consente ai genitori di accordarsi sullo stile educativo, sulla disciplina da impartire, sulle scelte per i figli o quando colui che non ottiene la custodia decide, deluso e frustrato, di abbandonare il campo. Se ha la sensazione di essere superfluo o che i suoi interventi siano sistematicamente squalificati dal genitore affidatario e dagli altri parenti, il genitore non affidatario è spesso indotto a ridurre la frequenza degli incontri e il suo impegno nell'educazione dei figli. Ultimamente, però, sono sempre più numerosi i padri che, essendo in gran parte genitori non affidatari (in Italia circa il 90 per cento), desiderano avere un ruolo maggiore nella famiglia divisa. Significativa è stata la manifestazione internazionale del 23 maggio 2004, dove i padri separati hanno partecipato – insieme a un certo numero di madri cui sono stati tolti i figli e di nonni che non vedono da anni i loro nipoti – a una marcia dal titolo *Million Dads March* in Italia, Usa, Canada, Giamaica, Australia, Nuova Zelanda, Kenya, Sudafrica, Israele, Inghilterra, Scozia, Olanda, Belgio, Germania, Francia, Spagna e Svizzera. I padri, le madri e i nonni che hanno preso parte, a Roma, alla manifestazione hanno rivendicato il diritto dei figli di avere "due genitori", hanno proposto l'abolizione del genitore affidatario e il riconoscimento di uno status sociale simile tra madri e padri: una condizione che esiste già in altri Paesi come la Francia e la Germania. I manifestanti hanno anche segnalato l'esistenza di una florida "industria del divorzio" che lucra sui conflitti e fa guadagnare gli avvocati divorzisti. Alcuni hanno sfilato indossando magliette con le foto dei figli che non vedono da anni e da loro definiti "desaparecidos", perché le mamme straniere li hanno portati all'estero dopo la separazione.

Il *divorzio psicologico* è stato definito da Bohannan come «la separazione di sé dalla personalità e dall'influenza dell'ex coniuge». Si tratta di imparare a vivere senza qualcun altro, il che implica conoscere e valutare se stessi come persone indipendenti e autosufficienti. Per i separati e i divorziati questo significa anche imparare ad affrontare questioni pratiche di cui in precedenza si occupava il coniuge: dalla dichiarazione dei redditi al bollo dell'auto, dalla spesa alla cucina. Questa evoluzione risulta più pesante quando il divorzio non è voluto ma subìto da uno dei coniugi il quale, di conseguenza, è triste o depresso. Generalmente, in colui che viene lasciato prevale un senso di smarrimento e la paura di non riuscire a gestire da solo la propria vita. Colui che lascia invece può vivere più facilmente sensi di colpa. Tuttavia, non sempre chi lascia avrebbe voluto arrivare a tanto: si può infatti decidere di sciogliere il vincolo matrimoniale per l'insostenibilità di una situazione in cui si verificano, per esempio, ripetuti tradimenti, affronti di vario genere, sperpero di denaro destinato al menage familiare. Il fatto che separazione e divorzio possano essere vissuti come una liberazione non implica comunque che di tanto in tanto essi non vengano vissuti anche come perdite: perdita del compagno; perdita della possibilità di trascorrere del tempo con i propri figli in certi orari e in certi giorni; perdita di spazi e oggetti significativi; perdita dei parenti acquisiti o degli amici; perdita di ruoli e sogni. Gli effetti della rottura di un legame in cui si è investito molto dal punto di vista emotivo non dipendono quindi soltanto dallo stress implicito nella situazione in sé, ma anche dalle conseguenze che ne derivano.

Scheda 1
Svincolarsi dall'ex

Il sociologo Robert Weiss condusse anni fa uno studio sulla separazione coniugale. Dopo avere analizzato la condizione di centocinquanta coppie, Weiss constatò che ci vuole del tempo per spezzare quel legame di attaccamento che si forma all'interno di una coppia che ha convissuto per un periodo sufficientemente lungo, non soltanto quando i rapporti sono stati buoni per molto tempo ma anche quando sono stati burrascosi.

Ciò accade perché l'attaccamento che lega i partner è all'origine di sentimenti di sicurezza e di stabilità di cui è difficile fare a meno di punto in bianco. Questa dimensione affettiva fa capo a veri e propri meccanismi biologici: per esempio, numerose ricerche indicano che l'attaccamento induce nell'organismo una maggior produzione di endorfine, sostanze naturali simili alla morfina che calmano la mente.

Uscire da una relazione non è facile: la razionalità deve venire a patti con l'emotività, il detto col non detto, il che comporta modifiche nell'umore, nelle abitudini e perfino nella chimica del cervello. Qualcuno deve darsi una nuova identità in sostituzione di quella che si indebolisce con il venir meno di un legame che, essendo profondamente coinvolgente, ha contribuito a strutturarla.

Per trovare un nuovo equilibrio ci vuole tempo. In una *prima fase* si ripensa al passato, a ciò che non ha funzionato, ai silenzi, alle menzogne, ai torti subiti, agli errori propri e altrui, a ciò che si sarebbe potuto fare e non si è fatto. In una *seconda fase* si incomincia ad acquisire un certo distacco: ora la propria vicenda esistenziale può essere raccontata, può essere tradotta in parole seguendo una sequenza logica. In una *terza fase* la si può mettere da parte: le memorie

del passato incominciano ad allentare la stretta e si riprende a vivere.
Come l'attaccamento anche il processo di dis-attaccamento ha i suoi tempi: bisogna disassuefarsi, come avviene con la droga.

Un noto studio sui fattori di stress pone il divorzio tra i primi posti della classifica, secondo soltanto alla morte del coniuge (Holmes e Rahe, 1967). Altri ricercatori hanno riscontrato molte analogie tra i sentimenti dei divorziati e quelli dei vedovi, accomunati da una forma di "lutto" virtuale o reale: per entrambe le categorie è più difficile adattarsi alla nuova condizione se ci sono forti sentimenti di abbandono e di rifiuto – dominanti nei "lasciati" – o di rabbia e di colpa, prevalenti in coloro che "lasciano" (Kitson e Raschke, 1981). Questi stati emotivi sono generati in gran parte dal fatto che il matrimonio, come la genitorialità, conferisce tra l'altro status sociale e identità. Se quella di coniuge e di genitore rappresenta una parte rilevante della propria personalità, il venir meno di queste condizioni può far sì che una persona si ritrovi improvvisamente nel bel mezzo di una crisi di identità. Uno dei compiti che molti si trovano ad affrontare nel periodo che segue la separazione o il divorzio è dunque il superamento del "lutto" e la ridefinizione di sé. Raramente la separazione tronca di netto il legame matrimoniale, più spesso si configura come un processo che evolve nel tempo, tant'è che l'entrata in scena di un nuovo compagno (o compagna) dell'ex o la nascita di un suo figlio possono rimettere in gioco, a distanza di anni, vecchie dinamiche emotive che si credevano ormai sopite.

E se per una coppia senza figli è più facile, in linea di massima, praticare una cesura definitiva e dare inizio a una vita nuova di zecca, per una coppia con figli è diverso, perché la famiglia divisa è comunque una famiglia, sia pure particolare e dai confini incerti. L'appartenenza a essa non è definita dalla convivenza in una medesima casa, bensì dall'esistenza di relazioni reciproche tra i vari membri, tant'è vero che la maggior parte dei figli di divorziati cita entrambi i genitori tra i membri della propria famiglia, al contrario del padre e della madre che, una volta divisi, non si considerano più una coppia.

La famiglia divisa

La famiglia divisa continua ad avere una sua esistenza per il semplice motivo che i genitori non divorziano dai figli. Tranne casi estremi o particolari (che comunque si verificano), genitori si rimane per tutta la vita. Ecco perché coloro che divorziano dovrebbero sforzarsi di disgiungere fin dall'inizio il ruolo genitoriale, che permane, dal ruolo coniugale, che appartiene invece al passato.

Come avremo modo di vedere più in dettaglio, la separazione e il divorzio alterano la vita affettiva dei figli e, quando questi sono bambini, scompigliano i loro schemi di riferimento relativi alle relazioni familiari e all'impegno che i genitori si sono assunti nei loro confronti mettendoli al mondo. Se il babbo se ne va di casa sarà ancora il mio babbo? Dove andrà ad abitare e con chi? Chi avrà, d'ora in avanti, un ruolo fondamentale nella famiglia? Chi andrà a parlare con gli insegnanti? Papà verrà alla festa del mio compleanno? Chi si occuperà di mantenermi? Potrò ancora andare a trovare i nonni? Se papà si risposa, papà e mamma si rivolgeranno ancora la parola? Quando papà chiama al telefono posso rispondere? Se uno ha torto e l'altro ragione con chi è giusto allearsi? Questi sono soltanto alcuni degli interrogativi che si pongono i bambini quando i genitori si separano. In molti casi, però, i figli non sono vittime completamente passive della divisione familiare ma cercano di influenzare gli altri membri della famiglia (genitori, nonni, fratelli, zii) allo scopo di ricevere amore e protezione, di preservare "pezzi" significativi del nucleo familiare e di dare ai genitori, o soprattutto a uno dei due, il sostegno e l'affetto di cui mostrano di avere bisogno.

Gli effetti della separazione sui figli dipendono dal modo in cui essa viene percepita e giudicata da loro stessi, dai genitori e dalle persone della loro cerchia, nonché dai cambiamenti che essa determina, nell'immediato e nel corso del tempo, nello stile di vita e nei rapporti affettivi. Grazie alla separazione papà e mamma possono porre fine alle tensioni e ristabilire tra le mura domestiche un clima di serenità o, al contrario, tenere vivo, nel corso degli anni, uno stato di belligeranza che va a confliggere con l'educazione dei figli e il mantenimento di un clima di fiducia, rispetto e dignità senza il quale il rapporto genitore-figlio è destinato a deteriorarsi. Quando ciò accade, si crea una situazione in cui i genitori appaiono inadeguati ad ascoltare i bisogni dei figli, a sostenerli e guidarli: le loro preoccupazioni e dinamiche soggettive li rendono sordi e ciechi. Di contro, ci sono invece genitori capaci di stabilire dei confini tra i sentimenti che provano nei confronti dell'ex coniuge e quelli per i figli.

Qualche volta i figli si sentono trascurati a causa della distanza fisica dal padre o dalla madre. Ciò riguarda soprattutto i più piccoli che, per sentirsi sicuri, amati e benvoluti, hanno bisogno di vedere e toccare le loro figure di attaccamento: l'assenza di un genitore può essere interpretata da questi piccolini come una manifestazione di disinteresse nei loro confronti o di abbandono. Altre volte invece un figlio deve rapportarsi con genitori che lottano con tale animosità per il *suo* benessere da dover impegnare gran parte delle proprie energie per mitigare egli stesso le tensioni, rinunciando così a ricevere cure e attenzioni.

Quando il conflitto e la competizione tra i genitori assumono un carattere incontrollabile, i figli possono ricorrere a varie strategie per ripristinare l'equilibrio e rimettere un po' d'ordine. Una tra le più comuni consiste nel tentare di risolvere in prima persona i problemi dei "grandi", di incoraggiarli a migliorare la comunicazione e di recapitare i messaggi all'uno e all'altra, talvolta modificandoli di proposito o distorcendone il significato per non aggravare la già difficile situazione o per volgerli a proprio vantaggio. In altre parole, svolgono, come possono, il ruolo del mediatore familiare. Nel farsi mediatore un figlio può anche cercare di sostenere l'umore di un genitore depresso, ascoltando le sue lagnanze e confidenze e motivandolo a riprendersi.

Abbastanza diffusa è la strategia che consiste nel distrarre i genitori dai loro conflitti cercando di attirare l'attenzione su di sé. Il che può avvenire in vari modi. Uno consiste, per esempio, nel farsi capro espiatorio assumendo comportamenti pestiferi: l'obiettivo, spesso inconsapevole, è quello di riunire mamma e papà sulla base della comune preoccupazione per il figlio. Un'altra modalità, diametralmente opposta alla precedente, consiste invece nel cercare di riunirli grazie ai successi ottenuti a scuola, in palestra o altrove: in questo caso il fattore accomunante si spera possa essere "l'orgoglio di genitore".

Entrambe queste strategie – mediare e attrarre l'attenzione su di sé – sono il segno che i figli prendono sulle proprie spalle la responsabilità di tenere in piedi la famiglia divisa, assumendo pertanto un ruolo attivo nel mutato stato di cose. Questo ruolo attivo si radica nell'istinto di sopravvivenza e rivela una capacità di ripresa e di reazione, ossia una resilienza innata che, nei momenti in cui più acutamente si avverte la propria vulnerabilità, fornisce le energie per ricostruirsi.

Quando sono bambini, i figli tendono a essere conservatori nei confronti del sistema famiglia perché hanno bisogno di protezione e garanzie: sentono di essere vulnerabili di fronte al mondo complesso e in gran parte non ancora decifrato degli adulti e percepiscono, senza ombra di dubbio, che la loro forza risiede negli adulti che si prendono cura di loro, che li hanno "nella loro mente". Così, quando si accorgono che questa forza sta diminuendo, cercano di darsi da fare per recuperarla.

Crescendo e rafforzandosi capiranno sempre meglio le ragioni dei genitori, si adatteranno a muoversi tra due case e, qualche volta, tra due famiglie ricostituite. Molti di loro converranno che il divorzio è stata una decisione necessaria anche se indesiderata. Altri constateranno che lo scioglimento del legame matrimoniale ha migliorato la qualità della vita dei genitori ed è stato, per loro, un'occasione per crescere e ampliare gli orizzonti. Qualcun altro, invece, non si rassegnerà mai del tutto. Altri ancora porteranno in età adulta i segni di quella frattura.

I protagonisti

La maggior parte delle ricerche e delle analisi sul divorzio sono state condotte, finora, basandosi sulle testimonianze dei genitori e sull'osservazione delle reazioni, a breve e a medio termine, di figli bambini o adolescenti. Questo volume scaturisce invece dalle testimonianze di figli adulti che, ripercorrendo la loro vicenda esistenziale, la descrivono e la valutano "in prospettiva". Sono testimonianze preziose perché consentono di seguire il percorso della famiglia divisa in un arco consistente di anni. Un lavoro del genere è stato reso possibile dal fatto che ormai esiste una prima ampia generazione di figli adulti di famiglie divise e gli adulti, a differenza dei bambini, non soltanto riflettono più facilmente sulla loro esperienza, ma hanno anche potuto registrarne gli effetti nel corso della loro crescita.

I figli e le figlie adulte che prendono la parola in questo libro (vedi Appendice 1) parlano di ciò che è avvenuto nella loro vita al momento della rottura tra i genitori e negli anni successivi e spiegano come quell'esperienza abbia inciso sui loro rapporti sentimentali, sulle loro aspettative, sui loro progetti e sogni, sulla volontà o meno di formare una famiglia. L'esperienza che essi hanno vissuto li ha portati a riflettere sui legami affettivi, sulle relazioni intime, sul ruolo delle emozioni nella vita delle persone e alla acquisizione di una consapevolezza e di una capacità introspettiva notevoli. Nessuno di loro ha dato l'impressione, nel corso dei colloqui, di voler abbellire o nascondere la realtà; al contrario, la coerenza delle loro risposte, la semplicità con cui hanno parlato delle vicende che li riguardavano, il loro desiderio di collegare gli avvenimenti e di essere il più possibile obiettivi, sono segni dell'affidabilità delle loro testimonianze.

D'altro canto, ognuno di loro era libero di rifiutare il colloquio. E poiché soltanto quattro su cinquanta sono stati in terapia psicologica per periodi più o meno lunghi, la grande maggioranza di loro non aveva mai avuto occasione di narrare la propria storia in modo tanto ampio e dettagliato. E così, il raccontarsi è stato percepito come "rigenerante", "utile", "un sollievo", "chiarificante", "un'occasione per collegare gli eventi". D'altra parte il racconto di sé, come insegnano i terapeuti dell'anima, è fondamentale per chiarire a se stessi passaggi rilevanti o nodi critici, per soffermarsi su aspetti irrisolti su cui magari per tanto tempo si è preferito sorvolare e, in ultima analisi, per mettere ordine nella propria vita.

Ma è ormai arrivato il momento di lasciare a loro, ai figli, la parola.

1

PRIMA DELLA SEPARAZIONE

Tutte le famiglie felici si assomigliano,
ogni famiglia infelice è infelice a modo suo.
LEV TOLSTOJ

Finché resta unita, la famiglia è un sistema alla cui vita partecipano tutti i suoi membri. Le emozioni e i sentimenti degli uni influiscono su quelli degli altri, sulle loro scelte e i loro comportamenti, perché comuni sono le esperienze di vita, le memorie, il linguaggio. Non occorrono lunghi discorsi o spiegazioni per capire se papà e mamma sono di cattivo umore, tristi o arrabbiati. È facile comprendere se hanno litigato, se si tengono il muso o se invece stanno per fare la pace. Si vive negli stessi spazi, si coordinano gli orari, si condividono le abitudini, si è testimoni involontari di ciò che accade. Questa condivisione naturale di tempi, spazi, esperienze, emozioni, linguaggio crea, giorno dopo giorno, anno dopo anno, un intreccio fitto di relazioni e di eventi significativi che è alla base di quella intimità che è massima in famiglia, ma che può esistere anche in altri contesti, sia pure in forme meno intense, come la scuola, il luogo di lavoro, il parco giochi, la palestra. È difficile perciò, in famiglia, fingere di non vedere e di non sentire, così come è difficile sottrarsi allo sguardo dei propri congiunti anche quando servirebbe un po' di privacy.

Spettatori impotenti

Così come i genitori sono testimoni dei conflitti dei figli, allo stesso modo i figli sono testimoni dei conflitti dei genitori. La differenza tra queste due condizioni sta nel fatto che mentre i genitori si sentono autorizzati a intervenire nei litigi dei figli, questi ultimi, per la posizione che occupano all'interno del sistema famiglia, si sentono assai meno autorizzati a farlo con i genitori. Può accadere che intervengano, quando la situazione degenera, ma in questo caso essi devono superare una barriera psicologica che ha radici negli anni infantili e che li porta a pensare che i saggi, i maturi, i responsabili siano gli adulti. Sono gli adulti che hanno formato la famiglia, che l'hanno voluta e che, per definizione, dovrebbero desiderare di tenerla unita. I figli sono arrivati dopo, quando la famiglia era ormai formata, e poi una prerogativa dei bambini è proprio quella di essere spensierati, di affidarsi alle decisioni dei genitori. In questo, l'età è una variabile rilevante perché più un figlio è piccolo meno sente di poter avere parte nelle decisioni e negli scontri dei grandi.

Le situazioni variano molto da una famiglia all'altra: in alcune di quelle che approderanno alla divisione i genitori litigano da sempre in modo esplicito e qualche volta fanno anche delle prove di separazione per periodi più o meno lunghi; in altre i litigi non sono frequenti; in altre ancora non ci sono esplosioni di ostilità ma incomprensioni su questioni di fondo, dissensi larvati, forme "fredde" di lotta di cui non sempre i figli colgono la reale portata. Così, se in alcune famiglie non è difficile maturare la convinzione che prima o poi mamma e papà si separeranno, in altre invece non è chiaro che cosa stia veramente accadendo né se si tratta di problemi passeggeri o duraturi.

«Da quando iniziano i miei ricordi ci sono sempre stati litigi» spiega Margherita. «Né mio padre né mia madre sono mai venuti a dirmi perché litigavano. Volevo chiederlo ma ero piccola e avevo paura. Sapevo però che un giorno si sarebbero separati, perché era una minaccia che mia madre faceva spesso. Lui alzava le mani e poi aveva altre donne (questo l'ho saputo dopo). Mia madre ha resistito fino a quando mio padre non ha iniziato a picchiare anche noi, me e i miei fratelli: a quel punto ha detto "basta".»

Per Salvatore invece i segnali non erano altrettanto chiari: «C'era un clima da guerra fredda fin da quando frequentavo le elementari. Col passare del tempo avevano quasi smesso di parlarsi e quando erano costretti a farlo usavano un tono bizzarro per persone che vivono nella stessa casa e dormono nello stesso letto. Io però non pensavo alla separazione perché con noi erano molto affettuosi, sempre gentili e anche molto indulgenti. Il mio ragionamento, allora, era il seguente: loro non vanno d'accordo, ok, però ci vogliono bene e quindi non si separeranno mai. E invece...».

Anche per Gilberto non è stato facile capire che cosa stava accadendo a mamma e papà, che di notte litigavano e di giorno davano l'impressione di essere una coppia serena. «C'è stata molta allegria in famiglia fino a un certo punto. Mio padre è un tipo spiritoso che riesce a far ridere anche i musoni. Poi però i rapporti tra loro si sono deteriorati perché mio padre era frustrato per non essere riuscito nella vita e mia madre doveva occuparsi di tutto da sola. Loro cercavano di non farmi sapere nulla e io reggevo il gioco, anche se intuivo che le cose non erano più come prima. Cercavo di negarlo a me stesso, ma la verità era davanti agli occhi ogni giorno di più. Di notte mi svegliavo di soprassalto perché sentivo urlare, sbattere porte; ma per non soffrire facevo finta che non stesse accadendo nulla, mettevo la testa sotto le coperte e così le urla sparivano. Mia madre piangeva e mio padre gridava, insomma una vera tragedia! Ma la cosa più tragica, secondo me, è che la mattina quando mi svegliavo trovavo i miei in cucina che ridevano e scherzavano e così avevo la sensazione di aver fatto un brutto sogno. Poi un giorno, avevo sette anni, mia madre mi ha portato a vedere una nuova casa e ricordo che le chiesi se saremmo andati a vivere lì tutti insieme. Lei non disse né sì né no, ma soltanto che trasferendoci in quel luogo saremmo stati vicino a nonna, sua madre, e avremmo pagato meno d'affitto. Però io non ero soddisfatto della risposta e insistetti a chiederle se papà sarebbe venuto con noi, fino a che mi disse un "no" secco e freddo! Mi ricordo che mi si gelò il sangue perché quello che temevo si stava avverando: capii che una volta trasferiti non ci sarebbe più stata speranza di poter vivere tutti e tre insieme.»

I figli avvertono che qualcosa non funziona nella coppia; ma se i grandi non ne parlano possono essere insicuri della validità delle loro percezioni e incapaci di fare previsioni. Possono notare che papà e mamma non sono affettuosi tra loro, che usano toni duri o irritati, che non escono mai insieme, che evitano di rimanere soli o non dormono nella stessa stanza; ma non avendo mai vissuto un'esperienza di coppia e non potendo fare paragoni con altre famiglie, possono ritenere che quei comportamenti rientrino nella norma; tanto più che, per la propria sicurezza, essi desiderano che i genitori continuino a restare insieme. «Non ti dicono ancora nulla ma tu sai che qualcosa sta cambiando» spiega Mario. «Non vieni incluso nelle decisioni, c'è tensione, avverti che devi lasciare un po' in pace i tuoi genitori che vedi litigare, tuo padre sta fuori più del tempo previsto, c'è gente che viene a casa a parlare con tua madre e si chiudono in una stanza. Non sai però ancora come andrà a finire. Tu non c'entri. Tu puoi soltanto stare a guardare. Quando mia madre mi parlò e usò la parola divorzio, ormai era tutto fatto.»

La difficoltà che incontrano i figli nel comprendere le dinamiche emotive della coppia emerge anche dalla testimonianza di Emma. «A un certo punto ho avuto l'impressione che qualcosa stesse cambiando perché ho cominciato a fare solo con mio padre le cose che prima facevo anche con mia madre: andare a cavallo, giocare a tennis, gite in bicicletta. Nessuno però mi ha dato delle spiegazioni e io non osavo fare domande. Più tardi ho capito che non andavano più d'accordo come un tempo. Non immaginavo però che si sarebbero separati. Sapevo che molte coppie vivono insieme anche se non vanno d'accordo. Ho saputo della loro decisione una sera quando li ho sorpresi in salotto a parlare degli alimenti che mio padre avrebbe dovuto dare a me e a mia madre dopo la separazione. Avevo nove anni. Il motivo per cui si sono separati l'ho saputo molto più tardi.»

Ci sono infine casi in cui la notizia arriva come un fulmine a ciel sereno: i figli non si accorgono di nulla, non sospettano nulla fino a quando i genitori non comunicano che si stanno separando. È questo il caso di Bruno. «Non ci sono stati segni premonitori o, almeno, io non me ne accorsi. Eravamo una famiglia normale. C'era qualche litigio, ma niente di più. Comunque io allora non conoscevo altre situazioni e per me quella che vivevo era più che normale. Ho sempre pensato che stavamo bene tutti insieme.»

Scheda 2
Cifre e dati

Negli ultimi anni c'è stato un incremento delle separazioni e delle rotture definitive tra coniugi. Secondo l'ultima relazione del procuratore generale di Cassazione, nel 2003 c'è stata una separazione ogni quattro matrimoni, un divorzio ogni nove.

Le coppie che si sciolgono lo fanno mediamente dopo tredici anni, sono in prevalenza quelle che risiedono nelle regioni centrosettentrionali con Liguria e Piemonte in testa, mentre i tassi di separazione nel Mezzogiorno sono la metà. C'è però un incremento in Campania e in Calabria.

	Separazioni	Divorzi
1991	44.929	27.350
1996	57.538	32.717
1998	62.737	33.510
2000	71.969	37.537
2003*	109.373	51.682

* Istanze di divorzio e separazione presentate

Non tutte le separazioni legali si convertono in divorzi: delle 29.462 separazioni concesse in Italia nel 1980, entro il 2000 se ne sono concluse in divorzio circa il 70 per cento. Entro lo stesso anno si sono concluse in divorzio circa il 60 per cento delle separazioni del 1991.

Figli. Se si considerano solamente i figli minori di diciotto anni, le separazioni e i divorzi che ne coinvolgono almeno uno sono (nel 2000) rispettivamente 35.173 (48,9 per cento) e 13.631 (36,3 per cento). Se invece si considerano anche i figli di età superiore ai diciotto anni, le cifre sono: 82.594 (separazione) e 35.050 (divorzio).

L'affidamento dei minori alla madre è predominante. Nel 2000 sono stati affidati esclusivamente alla madre l'86,7 per cento dei minorenni a seguito di una separazione e l'86 per cento a seguito di un divorzio. L'affidamento congiunto o alternato al padre e alla madre è ancora poco diffuso nel nostro Paese (8 per cento separazioni, 6,8 per cento divorzi), tuttavia il ricorso a questo tipo di affido è in aumento. Molto rari in ogni parte d'Italia risultano gli affidamenti ad altri soggetti, quali familiari e istituti per minorenni.

Le cause della separazione

- Matrimoni contratti in età precoce
- Differenze culturali
- Violenze fisiche e psicologiche
- Stress, perdita di lavoro, lutto
- Bisogni insoddisfatti dell'uno o dell'altro coniuge

Il testimone

A volte, come nel caso seguente, i figli sono testimoni involontari di eventi cruciali per la coppia che possono creare situazioni di forte tensione. Francesco aveva undici anni quando i suoi genitori si sono divisi, ma negli anni precedenti era stato suo malgrado al centro di vicende scabrose e di difficile elaborazione per un bambino.

«Mia madre dovette partire immediatamente perché mia nonna stava male. Rimase lontano due o tre settimane. Io e mio fratello restammo con mio padre perché era periodo di scuola. Avevo all'incirca sette anni. Nella casa in cui abitavamo la mia cameretta era accanto alla camera dei genitori. Una notte mi sono alzato per andare in bagno, nel frattempo ho voluto assicurarmi che mio padre fosse a casa, perciò mi sono affacciato alla sua camera e ho visto che al suo fianco nel letto c'era un'altra donna! Difficile spiegare come mi sono sentito. Ero disorientato, però ero certo che quella donna non fosse mia madre. Quella notte capii perché i miei genitori litigavano spesso e perché mamma diceva di non potersi fidare di papà. Nei giorni successivi continuai a ripensare a quello che avevo visto. A scuola ero distratto e a casa non riuscivo a fare i compiti. Avevo bisogno di parlare con qualcuno. Mi sentivo tradito da mio padre. Aveva usato la nostra casa per i suoi comodi senza preoccuparsi dei figli. E poi aveva permesso a un'altra donna di dormire nel posto di mia madre mentre, tra l'altro, lei stava passando un periodo difficile. Quando la nonna si riprese e mamma tornò a casa io non sapevo che fare. Ero molto confuso. Avrei voluto dirle ciò che sapevo di quella notte ma non volevo farla soffrire. Un giorno che mio padre la trattò male dissi finalmente, in presenza di tutti e due, quello che avevo visto. Mamma si infuriò con mio padre ma lui, con aria indifferente e strafottente, negò tutto quanto e disse che io ero un bugiardo o me lo ero sognato. Mamma era innamorata di mio padre perciò, quella volta, preferì credere che me lo fossi sognato. Continuarono a stare insieme per alcuni anni anche se lui a casa ci veniva soltanto per dormire, generalmente tardi, la notte. In seguito mia madre dovette tornare di nuovo al suo paese e trattenersi a lungo per accudire mia nonna che alla fine morì. In quel periodo mio padre, con la scusa del lavoro mandò me e mio fratello a casa di sua sorella, mia zia, che non aveva figli e poteva occuparsi di noi. Con lei viveva suo marito, che con me era particolarmente affettuoso e gentile, mi aiutava nei compiti, mi faceva dei regali; insomma, per farla breve, un giorno questo zio cercò di abusare di me. Improvvisamente da gentile e affettuoso diventò violento. Io riuscii a sottrarmi ma ne rimasi sconvolto. Riferii tutto a mio padre, la sera stessa, ma lui, come aveva già fatto una volta, mi sgridò dicendomi di smetterla di inventarmi le cose e di guardarmi bene dall'andare a raccontare in giro quelle frottole. Io ero confuso e arrabbiato, non capivo perché lui non mi credesse. Che vantaggio avrei avuto a inventarmi una cosa del genere? Da mia zia non volevo più stare, ma non mi sentivo sicuro nemmeno con mio padre che mi accusava di essere un bugiardo. Quando finalmente tornò mia madre le raccontai la vicenda dello zio. Lei capì che non mi stavo inventando le cose. Dopo qualche tempo si sono separati. Forse è stato questo a far precipitare la situazione o forse no, non l'ho mai capito. Mio padre se ne è andato sbattendo la porta e in seguito l'ho rivisto qualche volta ma in situazioni di grande tensione e grandi silenzi. Ancora adesso, quando ripenso a quei momenti e mi chiedo se sono stato io a causare la separazione, non so darmi una risposta.»

L'adulto che nega o minimizza o addirittura accusa il figlio di mentire, quando invece questi dice la verità, lo getta in uno stato confusionale. Un bambino sa che gli adulti hanno un potere assai superiore al suo e perde fiducia nella possibilità di comunicare, di essere creduto, di riuscire a confidarsi. Inoltre, per molto tempo, può continuare ad arrovellarsi intorno a quello che per lui è un problema senza soluzione. I bambini, come i grandi, hanno bisogno di cogliere i nessi che legano tra loro gli eventi significativi della propria vita, di dare un senso alle proprie esperienze e di ottenere conferme e chiarimenti su ciò che vedono, sentono o intuiscono, specialmente quando le loro intuizioni e sensazioni li riguardano direttamente.

Capire a posteriori

Quando la divisione è avvenuta nei primi anni di vita, i figli non ne hanno alcun ricordo o ne hanno uno confuso, anche se ciò non significa che eventuali stress – provocati dai litigi e soprattutto dalla separazione dalle figure di attaccamento – non abbiano inciso sul loro sviluppo. Se il loro bisogno di attaccamento era soddisfatto, se il clima in casa era sereno, a livello cosciente molti figli non hanno avuto la percezione di un cambiamento di rotta; tutto ciò che ricordano lo hanno appreso dai racconti dei parenti.

Un bambino piccolo, che non abbia ancora alle spalle una storia familiare, non può paragonare il "prima" con il "dopo" ed è portato a considerare normale la condizione in cui vive, specialmente se non ci sono tensioni e se mantiene un rapporto continuativo e sereno con una delle sue figure di attaccamento principali. «Della separazione non mi sono accorta perché avevo tre anni quando è avvenuta» racconta Flavia. «La mamma si è risposata e io mi sono affezionata al suo nuovo compagno, che mi ha aiutata molto. Per me la separazione non è mai stata un problema, avevo il doppio di tutto: doppie vacanze, doppi regali, tre coppie di nonni che mi ricoprivano di attenzioni.»

Abitare con la mamma e incontrare il papà nei fine settimana è una condizione che può essere considerata normale da un bambino i cui genitori si sono separati quando aveva uno o due anni, in quanto lui ha conosciuto soltanto quel tipo di vita familiare. Ma può essere considerata una condizione normale anche nel caso in cui la separazione è avvenuta quando aveva cinque o sei anni se, per esempio, il padre non partecipava da tempo alla vita familiare o trascorreva lunghi periodi lontano da casa. È ciò che ha spiegato Riccardo.

«Si sono separati quando avevo cinque anni. Da piccolo non sentivo la mancanza di mio padre perché ho vissuto sempre con mia madre. Abitavo con i nonni e due zii ed ero circondato da molti cugini. Ero felice e non avevo la percezione di una mancanza. Sapevo di avere un fratello che viveva con quello che io chiamavo "il padre di mio fratello", ossia mio padre, che però vedevo di rado. Per anni mio padre è stata una figura insignificante per me. Più tardi l'ho frequentato un po' di più perché frequentavo mio fratello, ma lui è sempre rimasto un estraneo, una persona con cui non avevo confidenza. Mi sono reso conto che, nonostante molti bambini vivessero con il papà, oltre che con la mamma, ce n'erano anche alcuni come me, con i genitori divisi. Per me era talmente normale essere figlio di divorziati che lo dicevo tranquillamente a chiunque.»

Una volta cresciuto, un figlio può disporre, a posteriori, di una versione più articolata dei fatti e poco per volta darsi delle spiegazioni. Ascolta i discorsi dei parenti, comprende meglio le situazioni, fa confronti e via via aggiunge nuove tessere al mosaico. È come se di una fotografia all'inizio vedesse soltanto una piccola zona. Col passare del tempo l'area visibile si allarga, compaiono altri settori e il dettaglio iniziale si inserisce in un nuovo contesto che ne trasforma il significato. Quando finalmente tutta l'immagine è visibile, il quadro che emerge è un altro ancora e il giudizio va così nuovamente riformulato. Il racconto che segue esemplifica bene questo processo di approssimazione progressiva alla comprensione definitiva; un processo che, nel caso di Dino, è durato all'incirca dodici anni.

«Avevo quattro anni quando i miei genitori si sono separati. Di quel periodo ricordo soltanto che mamma era stata ricoverata in clinica. Le decisioni le pigliavano loro, i grandi, e per un bambino di quell'età ciò che fanno gli adulti è legge. Non conoscevo la gravità della malattia ed ero convinto che la mamma sarebbe tornata a casa, anche se doveva stare lontano da noi molto tempo (così avevano detto i nonni). Sentivo la sua mancanza, soprattutto la sera, perché lei mi aveva sempre dato il bacio della buona notte. Allora ero troppo piccolo per capire, ma con gli anni mi resi conto di come erano andate veramente le cose e, sebbene comprendessi i motivi che avevano portato al ricovero, non riuscivo ad accettare che mio padre si fosse separato da mia madre solo perché era malata. Quando ho capito cosa aveva fatto mio padre con il consenso dei miei nonni materni, ho perso fiducia in lui e nei nonni. Mio padre si era risposato e il mio punto di riferimento era mia sorella. Successivamente però, quando ho compreso che mia madre non sarebbe mai guarita perché era schizofrenica, ho accettato la situazione, mi sono reso conto che mio padre aveva diritto a rifarsi una vita e ho potuto finalmente perdonarlo per essersi risposato. Solo allora ho cominciato a guardare con occhi diversi lui e la sua compagna, che fino a quel momento avevo considerato un'usurpatrice.»

Famiglie intatte conflittuali

Uno dei dilemmi che molti genitori si trovano ad affrontare è se per i figli sia preferibile una convivenza forzata oppure la separazione. La maggior parte dei figli, soprattutto quando sono bambini, preferisce che i genitori continuino a stare insieme anche se tra loro non ci sono più l'amore o il trasporto iniziali e sono molti a ritenere che i litigi non siano un fattore che metta a rischio la stabilità familiare. Questo è uno dei motivi per cui parecchie coppie decidono di rimanere insieme per il bene dei figli in attesa che questi raggiungano una sufficiente indipendenza emotiva.

Una risposta unica d'altra parte non esiste. Le valutazioni si fanno caso per caso. C'è chi riesce a convivere secondo la formula dei "separati in casa" e chi invece non ci riesce. Il fatto che uno dei due abbia un altro partner al di fuori della famiglia o non faccia sforzi sufficienti per creare un'atmosfera serena, occuparsi dei figli eccetera può rendere tutto molto difficile. Alcune coppie, poi, non riescono ad andare d'accordo neppure su questioni insignificanti: per loro ogni occasione è buona per notare errori o carenze, rinfacciarsi torti, farsi dispetti, vendicarsi. Altre, infine, possono fingere un accordo che non c'è e così facendo creare un'atmosfera inautentica che genera altri problemi. Vediamo a questo proposito due diverse situazioni. Nella prima, la coppia ha portato avanti le ostilità in modo esplicito per anni, tanto che la primogenita si è assunta la parte del paciere. Nella seconda, invece, le ostilità non erano esplicite ma non per questo meno disturbanti.

I genitori di Piera hanno divorziato due anni fa e si sono decisi a separarsi soltanto quattro anni prima, quando lei aveva ormai ventidue anni, suo fratello venti e sua sorella sedici. Per anni la coppia ha vissuto sotto lo stesso tetto in un clima di tensione. «C'erano un giorno di festa e diecimila di litigi. Benché con noi figli fossero gentili, l'atmosfera in casa era pesante. Io, che sono la più grande, facevo la spola tra loro, cercavo di farli ragionare, di mettere pace. Molte volte ho cercato di fare da intermediario, cosa sbagliatissima secondo me perché se loro hanno dei problemi non sono certo i figli che possono risolverli. Invece di avere due genitori ero io che facevo da genitore a loro due. Quando ero più piccola arrivavo persino a ricattare mio padre, che minacciava di andarsene di casa, con frasi del tipo "se te ne vai io non ti voglio più bene", "non sarai più il mio papà", "come puoi farmi una cosa del genere, allora vuol dire che io per te sono niente". In seguito mi sono sentita in colpa perché l'ho messo in una situazione di completa crisi. Crescendo ho capito che non è giusto richiedere questo tipo di sacrificio a un genitore. Lui è rimasto in casa per noi. A volte mi chiedo se non sarebbe stato meglio che si fossero divisi molto tempo prima.»

«Nei primi tempi l'intesa era perfetta poi, quando avevo all'incirca sette-otto anni, sono incominciate le tensioni» spiega Giacomo. «Io e i miei fratelli li sentivamo discutere nella loro stanza, poi però mia madre usciva con il sorriso sulle labbra assicurandoci che tutto andava bene. Mio padre era sempre più spesso fuori casa, quando però mia madre organizzava un ricevimento lui interveniva come se niente fosse e di fronte agli amici fingevano tutti e due un affiatamento che non c'era. Quando chiedevo a mia madre il motivo delle discussioni animate che mi svegliavano nel cuore della notte lei si limitava a dire che mi sbagliavo, che me le ero sognate. E quando le facevo notare che in privato non si parlavano e non si guardavano neppure in faccia, lei mi rispondeva che non c'era nulla di eccezionale in questo comportamento quando due persone convivono da anni. Crescendo ho smesso di chiedere spiegazioni e mentre da piccolo parlavo molto con lei, man mano le nostre conversazioni sono diminuite fino a ridursi a scambi di monosillabi. Credo che il motivo fosse nel fatto che lei non era stata sincera. Negava qualsiasi tipo di disaccordo. Voleva convincere tutti, soprattutto i parenti, che il suo matrimonio era riuscito. Per questo non volle mai separarsi. Il risultato è stato che con gli anni si instaurò un clima di diffidenza, non soltanto tra genitori e figli ma anche tra di noi fratelli, irritati da quell'atmosfera falsa e pesante. Man mano la casa mi diventò intollerabile, tanto che cercavo, proprio come mio padre che detestavo, di trascorrere il maggior tempo possibile fuori.»

Assistere allo spettacolo di un'infelicità che giorno dopo giorno inghiotte il matrimonio dei propri genitori può essere un'esperienza logorante. Lo sanno bene quanti sono cresciuti in famiglie dove la mancanza di chiarezza, i silenzi, i tentativi disperati di fornire l'immagine di una serenità che non c'era hanno portato a una condizione di stallo che man mano ha deteriorato i rapporti, reso difficile la comunicazione e messo in crisi – nei figli – la fiducia nella propria capacità di comprendere e gestire i rapporti umani. Bambini e ragazzi che per anni hanno assistito impotenti a discordie e incomprensioni possono, come reazione, diventare ansiosi nei rapporti con gli altri, temere di fallire là dove altri invece non hanno il minimo dubbio di riuscire oppure sviluppare un bisogno nevrotico di possesso nei confronti del partner o degli amici.

Sono vari gli autori (Emery, 1994; Block e al., 1988; Schaffer, 1990) convinti che il protrarsi della discordia tra genitori sia un'esperienza difficile nell'infanzia e nell'adolescenza. Le tensioni – spiegano questi studosi – si trasmettono ai figli e vanno a incidere sul loro senso di sicurezza e sul loro equilibrio psichico più di quanto non incida la separazione in sé: quest'ultima comporta delle perdite e un cambiamento esistenziale che richiede un riassestamento; ma se pone fine alle ostilità e serve a fare chiarezza può rappresentare l'inizio di un nuovo corso, l'uscita da un vicolo cieco. Il fatto è che, come vedremo nei prossimi capitoli, non sempre le ostilità cessano dopo la separazione e a volte neppure dopo il divorzio. Così come non sempre le perdite subite trovano una compensazione.

Lezioni di piano

Non solo la discordia parentale, ma anche la scarsa partecipazione dei genitori alla vita della famiglia può essere all'origine di problemi, di rimpianti per ciò che avrebbe potuto essere e non è stato e di dubbi sulla bontà o meno dei propri comportamenti. È questo, ad esempio, il caso di Domenico che ha vissuto dalla nascita fino a sedici anni in una famiglia "unita" ma con una forte conflittualità di coppia, con un padre assente che però avrebbe voluto trasmettergli la propria passione per la musica.

«Il suo poco tempo libero lo dedicava all'amante. Mio padre è veramente molto bravo nel suo lavoro. Suona principalmente il sax ma può suonare anche altri strumenti. Quando io e mia sorella eravamo piccoli ha cercato di trasmetterci la sua passione per la musica tentando di insegnarci a suonare il piano e la chitarra. Ci trovavamo nel suo studio, fuori dalle pareti domestiche e dalle urla quotidiane. Sarebbe stata una situazione ideale per stabilire un dialogo e una complicità. Ma non è andata così. C'erano troppi rancori dovuti al modo in cui lui aveva sempre trattato mia madre e c'erano troppe domande che avrei voluto fargli sul perché le cose non potevano andare meglio. Avevamo bisogno che ci trasmettesse il suo amore per noi piuttosto che per la musica. Penso sia per questo che le lezioni di piano sono durate poco tempo. È stata una sorta di rifiuto per qualcosa che sì, da un lato ci faceva stare insieme, ma dall'altro era un rapporto maestro-allievo mentre io avevo bisogno di un padre. Lo stesso rifiuto lo ha avuto mia sorella. Tutti e due abbiamo voluto punirlo. Rifiutare le sue lezioni è stato un modo per combattere contro di lui, per fargli capire qual era la mia posizione in tutta quella storia e per dirgli che avevo bisogno di regole di vita piuttosto che di regole musicali. A volte mi chiedo se non ho sbagliato a rifiutare quelle lezioni: la musica mi piaceva, la imparavo facilmente e oggi potrei essere un musicista di successo. A volte mi chiedo se non era un tentativo di mio padre di avvicinarsi a noi. Il fatto è che avevo tanta rabbia in corpo e tanta paura per la freddezza che sentivo da parte sua. Mi faceva star male confrontarmi ogni volta con la rigidità del mio "maestro", che sembrava non pensare affatto che io ero anche suo figlio. Mi avrebbe fatto stare meglio, in quei momenti, una semplice pacca sulla spalla. C'erano troppi vuoti da colmare prima di poter stabilire una collaborazione artistica.»

2

LA SITUAZIONE PRECIPITA

È come una grande nuvola nera...
SIMONE, OTTO ANNI

Il momento in cui uno o entrambi i genitori decidono di separarsi è un momento di grande coinvolgimento emotivo e, per i figli, di forte tensione. Un coniuge può essere deciso a separarsi e l'altro no. I legami di coppia possono essere intensi anche quando ci si ritrova su fronti opposti. Si ama e si odia. Si disprezza ma si dipende. Si disapprova ma non si riesce a staccarsi. Si ricerca l'indipendenza ma si temono le reazioni dell'altro. Alcune coppie non riusciranno mai a separarsi del tutto e resteranno unite da una discordia permanente. Anche se non esistono regole uguali per tutti, la separazione è in genere più drammatica del divorzio che, per quanto dotato di un valore simbolico superiore, viene però a sancire a distanza di tre o più anni una divisione di fatto. Quasi tutti i nostri intervistati concordano nel ritenere che, sebbene al momento del divorzio vengano prese decisioni importanti e irreversibili, è la separazione l'evento critico che imprime una svolta e dà l'avvio alla famiglia divisa. Il divorzio è stato vissuto da molti di loro come l'aspetto burocratico dell'intera vicenda, anche se in qualche caso ha rimesso in gioco emozioni che sembravano superate.

Separazioni violente

Il modo in cui i figli vengono a conoscenza della decisione dei loro genitori di dividersi è importante perché, a seconda dei casi, può suscitare paure e insicurezze, amplificare timori preesistenti o, al contrario, contenere le ansie, rassicurare.

Alcune coppie decidono "a caldo" e in modo drammatico, durante l'ennesima lite, di sciogliere il legame che le unisce. Quando ciò si verifica può succedere una specie di cataclisma: urla, pianti, accuse, insulti, uno dei due che fa rapidamente le valigie e se ne va oppure abbandona la casa insieme ai figli. A volte papà e mamma vengono alle mani. La drammaticità della situazione si imprimerà nella memoria dei figli e vi rimarrà a lungo. Quando i genitori perdono il controllo i bambini si sentono disorientati, minacciati. A seconda dell'età e del contesto possono piangere, isolarsi per non vedere e non sentire, cercare di trattenere il genitore che se ne va, allearsi con uno dei due, difenderlo e qualche volta attaccare l'altro.

«Dopo una scenata terribile lui ci ha cacciati di casa» racconta Margherita, che aveva sette anni al momento della separazione. «Eravamo tutti molto spaventati: io non sapevo cosa dire, mio fratello piccolo piangeva, quello grande spingeva mamma fuori di casa ripetendole che doveva "lasciare in pace" mio padre. La mamma, io e il piccolo ci siamo trasferiti temporaneamente da una zia. Invece mio fratello grande è rimasto con lui, anche se mio padre in quel periodo dava segni di vero e proprio squilibrio mentale. Per riprendere possesso della casa e fare andare via mio padre, alcuni mesi più tardi abbiamo dovuto chiamare la polizia. Noi figli eravamo presenti alla sua espulsione da casa perché aspettavamo di rientrare con le valige e lui ci disse che non ci avrebbe considerato più suoi figli. Queste vicende ci hanno divisi non soltanto da mio padre ma anche da mio fratello, che si era schierato dalla sua parte.»

Quando la separazione è improvvisa e drammatica come nel caso di Margherita, non c'è spazio per le spiegazioni e l'evento si consuma tra forti tensioni. Le emozioni dei figli non sono prese in considerazione dagli adulti, intrappolati nelle proprie dinamiche. Di fronte a questo tipo di rottura molti figli si sentono non soltanto impotenti ma anche in pericolo: si rendono conto che i genitori, da cui essi dipendono materialmente e affettivamente, non rappresentano più un porto sicuro. D'ora in avanti dovranno contare maggiormente su di sé.

«Ci sono state varie separazioni» spiega Sandra «ma quella che è avvenuta quando avevo dodici anni è stata definitiva e io, in quell'occasione, fui mandata dall'assistente sociale in un istituto di suore, mio fratello e mia sorella invece restarono con mia madre. Fu il periodo più brutto della mia vita. Nessuno mi spiegò nulla. Certo, sapevo che i miei si stavano dividendo, ma avevo bisogno di sapere per quanto tempo sarei stata lì dentro e con chi sarei andata a vivere in seguito. Ci restai quasi un anno. Ricordo che avevo spesso dolori di stomaco. Nessuno pensò di chiedere il mio parere e, a seguito di una spartizione fatta dal giudice, io mi ritrovai a vivere con mio padre lontano dai miei fratelli per il solo fatto che ero la figlia maggiore. Mi sentii sola e responsabile di me stessa come mai mi ero sentita in precedenza. Ebbi paura e cercai di farmi coraggio.»

Strategie di rinvio

In casi come quelli di Margherita e Sandra i genitori, travolti dall'emotività, non riescono a frapporre tra loro e i figli un filtro che consenta di metterli a conoscenza della verità in modi meno drammatici. In altri casi invece, proprio per evitare inutili sofferenze, prendono tempo, dicono bugie, oppure cercano di dare l'impressione che tutto proceda regolarmente e che ciò che sta avvenendo rientri nella normalità. Non parlandone, sorvolando, trovando qualche scusa, rimandando le spiegazioni a momenti più tranquilli, si sforzano di contenere l'impatto di una decisione che cambierà la vita dei loro figli.

È una strategia che può funzionare per un tempo limitato, ma prima o poi la spiegazione deve essere data perché i figli hanno bisogno di capire ciò che sta accadendo e se i più piccoli possono essere ingannati con dei sotterfugi ("papà lavora fino a tardi", "mamma è andata da un'amica") è difficile ingannare i più grandi che possono collegare vari indizi. A volte però anche i bambini di età prescolare mostrano di non accontentarsi delle pseudospiegazioni e attraverso osservazioni e domande strategiche cercano di raccogliere gli elementi necessari a colmare le lacune e chiarire le incongruenze. Noi sottovalutiamo spesso il bisogno che anche i bambini hanno di dare significato alla realtà in cui vivono: lo fanno con i mezzi di cui dispongono, più limitati di quelli di un adulto, e tuttavia si impegnano a dare senso a ciò che vedono, captano e osservano perché hanno bisogno di comprendere una realtà che mette in gioco il loro bisogno di sicurezza e di continuità. Se si fa un uso eccessivo delle tecniche dilazionatorie alla fine dire la verità può diventare difficile.

«Avevo tre anni quando i miei si sono divisi. Non ho una memoria chiara di quel tempo ma mi hanno riferito che chiedevo sempre di parlare al telefono con papà e mi informavo di quando sarebbe tornato. Inoltre mi lamentavo perché andandosene si era dimenticato di salutarmi. La cosa andò avanti per qualche anno fino a quando mia nonna mi disse che i miei genitori stavano divorziando e papà non sarebbe più tornato a casa. Sarà stato il tono di voce con cui nonna pronunciò quelle parole, ma a me parve una notizia terribile. Scoppiai in lacrime e mi arrabbiai moltissimo con mia madre, cercai anche di picchiarla. Ricordo che ero arrabbiata per due motivi, perché papà non sarebbe tornato e perché mamma non mi aveva detto la verità» (Rossana).

Poiché la vicenda li riguarda, i bambini hanno diritto di sapere. Ciò non significa che si debbano fornire dettagli allarmanti o notizie inquietanti. È giusto evitare di porre sulle loro spalle pesi troppo gravosi. È bene però fornire elementi sufficienti per inquadrare (sia pure dalla loro prospettiva) una realtà difficile. Sebbene comprendere non significhi accettare tout-court ciò che sta avvenendo, capire è spesso il primo passo per poter incominciare a esercitare una forma di controllo, in questo caso cognitivo. Il passo successivo consiste nel poter parlare di quella realtà ogni volta che se ne sente l'esigenza.

È facile comprendere i motivi per cui un genitore cerca di cavarsela con una bugia e andarsene alla chetichella: si sente in colpa, teme le reazioni, non vuole altra sofferenza, cerca di accelerare il distacco, sa che finirebbe per cedere alle proteste. Un figlio però vuole ricevere spiegazioni e il fatto di essere ingannato lo avvilisce. «Avevo dieci anni» racconta Maura. «Mamma un giorno disse a me e a mia sorella che sarebbe andata in gita e che noi dovevamo restare con papà per proseguire la scuola. Lo disse con un sorriso, come se fosse la cosa più naturale del mondo e come se dovesse tornare nel giro di qualche giorno. Lo disse tranquillamente ma anche con il tono sicuro di chi sta dicendo la verità. Noi le abbiamo creduto e invece non è più tornata, se non qualche anno fa alla ricerca di quel legame che lei ha spezzato. Non credo che sappia quanto io l'ho odiata per quella menzogna: non solo perché ci ha lasciate, con grande leggerezza, in una età in cui avevamo ancora bisogno di lei, ma soprattutto perché secondo lei io e mia sorella eravamo due povere stupide che non meritavano nemmeno di conoscere la verità. Ci ha buttate fuori dalla sua vita con un sorriso.»

I figli possono reggere i cambiamenti che comporta la famiglia divisa, possono anche adattarsi a vivere con un solo genitore e incontrare l'altro di tanto in tanto, hanno però bisogno di disporre di una serie di elementi di valutazione, oltre che, come vedremo, di essere rassicurati su aspetti per loro importanti. Ecco perché bisognerebbe annunciare la decisione prima di metterla in pratica.

Le parole insufficienti

Molti cercano di spiegare ai figli i motivi che li inducono a separarsi mantenendo la calma e rispondendo onestamente alle loro domande. È la strategia che consigliano gli psicologi, in quanto consente di stare vicino ai figli in un momento difficile, di contenere le loro ansie e paure, di rassicurarli, di mostrare che non si sottovalutano i loro sentimenti e la loro capacità di comprendere.

Il momento però è obiettivamente difficile e le reazioni sono spesso negative. Molti figli non vogliono che papà e mamma si separino anche se in casa c'è tensione: pensano che debbano rappacificarsi, sforzarsi di risolvere i problemi. Il fatto che uno dei due non ami più l'altro può essere considerato una colpa, se non una cattiveria. «Avevo dieci anni. Quando ho capito che era lei a volere il divorzio, ho reagito malissimo» spiega Silvano. «Sono diventato furioso e me la sono presa con mia madre accusandola di non volere abbastanza bene a mio padre, di essere cattiva perché pensava solo a se stessa e non a noi. Quando lei mi si avvicinava io la respingevo con rabbia. Solo crescendo ho accettato l'idea che due persone che si sono amate possono non volersi più bene.»

Questo tipo di reazioni diventano comprensibili se si considerano due aspetti: l'attaccamento nei confronti dei genitori e il fatto che nel corso dell'infanzia e della fanciullezza l'identità individuale poggia e trae alimento dall'identità familiare; ai bambini piace sentirsi parte di una famiglia "normale" e coesa, perciò quando la coesione è minacciata è la loro stessa identità a entrare in crisi. Di fronte a questa minaccia, un bambino può mostrarsi ansioso, preoccupato, arrabbiato, inibirsi, chiudersi nel suo dolore oppure bersagliare i genitori e gli altri parenti di domande per avere risposte rassicuranti. Le spiegazioni iniziali possono apparire insufficienti, sia perché a volte lo sono realmente, sia perché in un momento di così intenso pathos qualsiasi spiegazione può sembrare carente, come emerge da queste testimonianze, simili a quelle di altri intervistati.

«Non ti dicono i veri motivi perché pensano che ne rimarresti scioccato, cercano di proteggerti. I veri motivi li scoprì in seguito. All'inizio facevo molte domande, ma le risposte erano sempre evasive» (Mario).

«Una domenica, avevo quattordici anni, i miei nonni vennero a pranzo da noi e subito dopo pranzo, mentre i miei lavavano i piatti in cucina, dissero a me e a mio fratello che papà e mamma avevano bisogno di staccarsi per un po' e di prendersi una pausa dalla vita di tutti i giorni. Lì per lì non capii che cosa intendessero dire, mentre mio fratello, che aveva diciassette anni e qualcosa già sapeva, andò in cucina e intimò a mio padre di dirci in faccia quali fossero le sue intenzioni. A quel punto vennero in sala entrambi e ripeterono quello che avevano detto i nonni, aggiungendo che non dovevamo preoccuparci, che era solo un momento, che forse tutto sarebbe tornato a posto e che comunque per noi non sarebbe cambiato nulla. Una frase che forse tutti i figli di divorziati hanno sentito dire... niente di più falso! È ovvio che per noi figli cambia tutto, quindi dovrebbero risparmiarci questa enorme bugia» (Paolo).

«Una sera mio padre ha portato me e mio fratello a mangiare fuori senza la mamma, una cosa che non era mai accaduta, e una volta che siamo stati in pizzeria ci ha detto che la mamma se ne era andata a vivere a casa di un signore molto più vecchio di lui e con molti soldi. Prima che andassimo a cena la mamma era in casa, al ritorno non c'era più e da quel momento non è più tornata. Io avevo sette anni, mio fratello dieci. Nessuno di noi due aveva mai avuto sentore che esistesse un problema. Né io né mio fratello siamo riusciti a mangiare la pizza quella sera e ancora adesso cerco di evitarla» (Tullio).

Anche quando viene data con cautela, la notizia è scioccante. Senza paura di esagerare si può affermare che essa ha elementi in comune con l'annuncio della morte di una persona cara. Può essere dolorosa anche nei casi in cui è stata preceduta da segni premonitori, ma quando arriva d'improvviso, al dolore si aggiunge lo sconcerto, la difficoltà di capire. Sia in un caso che nell'altro bisogna essere disposti a tornare sull'argomento e aspettarsi ulteriori richieste di spiegazione. Il potere rassicurante di un abbraccio può essere di conforto; ma l'abbraccio può essere rifiutato da un bambino profondamente deluso e arrabbiato. Per superare l'angoscia, un figlio deve poter esprimere liberamente i propri sentimenti, parlare di ciò che lo preoccupa e trovare comprensione. Bisogna anche aiutarlo a liberarsi da eventuali sensi di colpa o di vergogna.

Possono avere difficoltà ad assimilare la notizia sia i figli piccoli che quelli grandi, soprattutto quando ai loro occhi non c'è un motivo valido o una giustificazione sufficiente.

«Avevo dodici anni,» spiega Ada «loro hanno esordito dicendomi che erano diventati amici, il che lì per lì mi parve una buona cosa anche se non capivo perché lo dicessero. Poi invece mi spiegarono che non sentivano più il sentimento di prima e che preferivano separarsi. Ricordo che ebbi una strana sensazione, come di vertigine. Per un attimo pensai a uno scherzo, poi che fossero impazziti. Mia sorella invece si era accorta che le cose erano cambiate e che non dormivano più nella stessa stanza. Però non mi aveva mai detto nulla. Allora ho avuto la strana sensazione di essere un'estranea in casa mia, perché pur vivendo con loro non mi ero accorta di nulla.»

«In un anno sono passati da un rapporto splendido, come è quello di due innamorati, a una freddezza sconcertante. La cosa ancora più sconcertante è che non c'erano motivi apparenti per giungere a una scelta così drastica. Io e mia sorella (rispettivamente diciotto e ventun anni) non riuscivamo a capire che cosa fosse accaduto. In realtà non c'è stato un evento scatenante, ma pare che il tutto sia attribuibile alla fine del loro amore. "È sopraggiunta la noia" così dicono entrambi i miei genitori» (Michela).

Un figlio può capire la ragione che sta all'origine della decisione, può anche giustificarla sul piano cognitivo e tuttavia non essere pronto per assimilarla sul piano emotivo. I tempi della comprensione non coincidono con i tempi dei sentimenti. Anche quando è condivisa, l'assimilazione non è istantanea. Tutto ciò è fisiologico e riguarda anche altri cambiamenti esistenziali rilevanti. E tuttavia, capire le ragioni che sono all'origine di una scelta di questo tipo è un primo passo per dare avvio a quel processo di elaborazione che consentirà di venire a patti con la realtà e di guardare avanti. Quando questa comprensione viene a mancare, un figlio può continuare ad arrovellarsi per comprendere che cosa è successo veramente, per scoprire cosa lui non sa e invece gli altri sanno.

Il mediatore

Dopo esserne stati informati, un certo numero di figli accettano la decisione dei genitori e non pensano di poter interferire o fare alcunché per modificare una scelta che percepiscono come irreversibile. «Non sono caduto nella trappola delle fantasie» spiega Franco «ossia nell'illusione che potessero tornare insieme se io avessi fatto il bravo bambino, se fossi diventato docile e obbediente, se mi fossi finto malato, se fossi andato male a scuola, se avessi trovato dei buoni argomenti per convincerli.»

Altri invece si attivano, prima o poi, alla ricerca di strategie con cui tamponare la situazione e ricostituire la famiglia originaria. Lo fanno per se stessi, per aiutare il genitore che soffre, per non lasciare nulla di intentato. E le strategie a cui fanno ricorso variano in rapporto all'età e alle circostanze. «Ho cercato di convincere mio padre a tornare sui suoi passi,» spiega Mimmo «gli raccontavo di quanto mamma stesse male, di quanto piangesse; gli dicevo che era più bella che mai, che ogni volta che lui passava a prendermi a casa lei andava dal parrucchiere per far colpo su di lui.» «Dopo la separazione, avvenuta quando avevo quattordici anni,» racconta Eugenio «dicevo sempre a mio padre di provare a corteggiare la mamma, gli dicevo: "Babbo, portale i fiori con i cioccolatini alla gianduia, che la mamma ti cadrà ai piedi". Ma più di un sorriso non ottenevo.»

Fratelli e sorelle a volte si alleano in questa impresa. «Quando ci siamo accorti che stavano per dividersi, io e mio fratello abbiamo messo in atto varie tattiche. Tiravamo fuori dal cassetto le vecchie foto e facevamo notare come stavano bene lì, in quel momento, come ci eravamo divertiti tutti insieme in vacanza, come sarebbe stato bello rivivere quei momenti. Cominciammo anche a fare più lavoretti in casa, senza lamentarci, per non farli innervosire. Eravamo convinti che migliorando il nostro comportamento la situazione potesse migliorare. Loro però erano troppo presi dalle loro faccende e non ci filavano per nulla» (Mario).

«Io e mia sorella abbiamo fatto una miriade di tentativi per rimetterli insieme dopo la separazione, tutti falliti naturalmente, ma almeno abbiamo la coscienza a posto. Organizzavamo dei trabocchetti. Per esempio, facevamo in modo che rimanessero a casa da soli. Quando mia madre faceva venire papà a cena ci facevamo chiamare dalle amiche e così uscivamo e li lasciavamo soli. Non ho idea di come andava la serata tra loro e non escludo che gradissero anche stare soli, non lo so, ma comunque non è servito. Una volta io scrissi una lettera a mio padre da parte di mia madre, e mia sorella da parte di mio padre a mia madre: erano lettere d'amore molto passionali, forse troppo visto che nessuno dei due ci cascò, anzi per questo tentativo fummo punite con un bel divieto di uscire di casa per una settimana. Noi però non eravamo pentite ma soddisfatte. Avevamo l'impressione di avere fatto la cosa giusta» (Michela).

Quando un figlio vede che i propri sforzi non portano a nulla, dopo un po' desiste. Se continua, ciò accade perché vede i genitori soffrire oppure perché si fa interprete dei desideri (espressi o inespressi) di uno dei due. Poiché molti figli entrano in risonanza con gli stati emotivi dei genitori, non è infrequente che "agiscano" in loro vece. D'altro canto non tutte le separazioni culminano nel divorzio e a volte i genitori si rimettono insieme. Quando invece i figli capiscono che essi sono determinati a percorrere la strada della separazione e del divorzio, finiscono per rassegnarsi. Se papà e mamma si mostrano fermi fin dall'inizio, se, soprattutto, spiegano che si tratta di una questione che riguarda soltanto loro come coppia e che i figli non hanno né colpe né responsabilità, se assicurano che l'amore di papà e mamma nei loro confronti resta immutato, che lasciare la casa e andare a vivere altrove non significa abbandonare, che continueranno a vedersi e a telefonarsi, lo spazio di manovra per una mediazione per opera dei figli si riduce moltissimo.

Diversa è invece la situazione quando sono gli adulti a utilizzare i bambini come mediatori e latori di messaggi e suggeriscono loro come comportarsi e che cosa dire. Benché i contesti siano diversi ed esistano anche casi limite e situazioni pericolose, in linea di massima non è consigliabile chiedere ai figli di schierarsi con l'uno o con l'altra e tanto meno strumentalizzarli sfruttando la loro ingenuità e dedizione. È sbagliato mettere loro in bocca giudizi e accuse. Non bisogna istigarli contro l'altro genitore in modo più o meno subdolo. Bisogna resistere alla tentazione di usarli come messaggeri o "spie": poiché si fidano rischiano di diventare dei perfetti capri espiatori. Assimilando il messaggio al messaggero (cioè loro stessi), possono arrivare a dubitare delle proprie percezioni, confondersi e alla fine convincersi di essere loro la causa di problemi, conflitti e incomprensioni di cui non hanno alcuna responsabilità. Man mano impareranno anche a usare quelle stesse strategie di manipolazione e strumentalizzazione che gli altri hanno usato con loro.

Decidere insieme?

Quando i figli sono grandi e i problemi evidenti a tutti, possono essere coinvolti anche loro nella decisione finale, perché è difficile tenerli al di fuori.

«Avevo all'incirca diciotto anni e loro litigavano ormai da tempo» racconta Roberta. «Abbiamo deciso insieme, nel senso che mia madre prima di prendere la decisione di liberarsi di mio padre ne ha parlato con me e mia sorella, che eravamo le figlie grandi. Il motivo era che lui non aveva intenzione di lavorare, di impegnarsi, di assumersi le responsabilità di una persona adulta e quindi andavamo avanti con i soldi dei nonni materni, mentre lui passava la giornata giocando a carte nei bar. Mio padre continuava a fare debiti e non pagava l'affitto. Prendeva anche soldi a usura da criminali che poi lo ricattavano. Ogni volta che i creditori venivano a riscuotere lui si faceva negare e toccava a mia madre fronteggiarli. Una volta è stato anche accoltellato sotto casa per questo motivo. Alla fine i creditori se la prendevano anche con noi, con me e mia sorella. Dopo aver deciso che la soluzione migliore era la separazione, ci siamo fatte forza e lo abbiamo comunicato a mio padre tutte e tre insieme. Per lui è stata una grande delusione, si è sentito abbandonato e rifiutato. Per noi figlie è stata una grossa responsabilità perché non è facile mandare il proprio padre fuori di casa. Si è messo a piangere. Sono stata malissimo. Ero arrabbiata con tutti e due perché ci avevano obbligate a una scelta tanto dolorosa, ma soprattutto ero arrabbiata con lui, che avrebbe dovuto essere più responsabile, meno debole e infantile. Nello stesso tempo però mi faceva una pena infinita. Forse ha sbagliato mia madre a coinvolgerci, ma in ogni caso bisognava trovare una soluzione a una situazione ormai insostenibile. Mia madre era in crisi, non ce la faceva più e aveva bisogno, nel prendere una decisione del genere, dell'appoggio e del consenso dei figli. Non mi sono mai abituata all'idea, continuo a sentirmi un po' in colpa, però l'atmosfera in casa si è rasserenata. Quando c'era mio padre succedeva anche di non mangiare, mentre dopo la separazione la mamma ha incominciato a lavorare e non è più capitato di rimanere senza cibo. Della casa e dei nostri fratelli ci occupavamo io e mia sorella.»

Questa testimonianza dà la misura della drammaticità di quelle situazioni in cui un genitore, stremato, cerca il sostegno e l'approvazione dei figli prima di recidere un legame che ormai rischia di far affondare tutta la famiglia.

Il fattore età

L'età ha un ruolo rilevante nella comprensione della nuova realtà familiare e nella gestione degli stress a essa collegati. Ogni fase evolutiva ha le sue modalità di reazione, perciò, al momento della divisione, gli strumenti di cui i figli possono disporre per fronteggiare la crisi sono correlati anche all'età.

I piccolissimi hanno bisogno di affetto, calore e protezione. Crescono bene se c'è serenità e se il rapporto con la mamma è buono. Tra zero e tre anni si formano i legami di attaccamento con lei e gli altri familiari. È attraverso i cinque sensi e il linguaggio del corpo, prima ancora che attraverso le parole, che i bambini avvertono il clima emotivo che li circonda. Il modo in cui vengono afferrati e sollevati, il tono della voce, la tensione muscolare di chi li solleva e li prende tra le braccia, i movimenti dolci o a scatto, i modi e i tempi dell'allattamento, i periodi che trascorrono da soli o in compagnia, sono i segni che utilizzano per interpretare il mondo e captare messaggi rassicuranti, stimolanti, incoraggianti oppure allarmanti.

Quanto più sono piccoli tanto meno i bambini hanno consapevolezza del tipo di relazione che esiste tra i loro genitori e tuttavia, fin dalle prime fasi dello sviluppo, hanno la capacità di entrare in risonanza con i loro stati emotivi, in particolare con quelli della nutrice che, nella maggior parte dei casi, è la madre. Non sono ovviamente in grado di spiegarsi le ragioni di un turbamento che percepiscono nell'aria, ma a questo turbamento sono in grado di reagire. Perciò, se papà e mamma sono tesi, se litigano in loro presenza, se la mamma è angosciata, poco partecipativa o lontana, essi potranno manifestare il proprio disagio, non certo attraverso le parole, ma attraverso il corpo: dormiranno di meno, si sveglieranno spesso, piangeranno più del solito, faranno storie al momento dei pasti.

Quando i bambini di età prescolare – tra i tre e i sei anni – sono angosciati manifestano facilmente sintomi di regressione: possono riprendere a fare pipì a letto e a sporcarsi quando ormai erano in grado di tenersi puliti, possono anche succhiarsi il pollice e pretendere di essere imboccati quando ormai mangiavano da soli. A questa età sono inolte frequenti le turbe del sonno, che trovano la loro origine nella paura di svegliarsi in una casa vuota, ma anche stati di ansia diffusi. Essendo stati "abbandonati" da un genitore i bambini temono di poter essere abbandonati anche dall'altro. La dimensione temporale, soprattutto per i più piccoli, è diversa da quella di un adulto, per cui la frase "ci vediamo tra quattro giorni" non riesce a tranquillizzare un bambino di tre o quattro anni per il quale una giornata e una notte sono un tempo infinito.

Per alleviare l'ansia e vincere il senso di insicurezza i bambini di questa età si affidano agli oggetti cari, come un orsacchiotto, che assumono per loro la valenza di talismani, oppure sfogano la tensione in comportamenti aggressivi o diventando molto irrequieti. Queste ultime due reazioni sono piuttosto frequenti nei maschi, sebbene le femmine non ne siano esenti. Alcuni si isolano, se ne stanno imbronciati e tendono a partecipare meno alle attività di gruppo della scuola materna. Possono anche entrare facilmente in conflitto con i compagni e le maestre. Un meccanismo di difesa molto diffuso tra i bambini e le bambine, non soltanto di questa età ma anche di quelle successive, consiste nel negare la realtà e "far finta" che nulla sia successo, rifugiandosi nel mondo della fantasia. Tra le bambine – nel tentativo di riportare ordine là dove è sopravvenuto il disordine e nello sforzo di tenere sotto controllo una situazione fluida – alcune assumono invece il ruolo di donnine giudiziose: diventano "perfettine", curano la pulizia, l'ordine, l'educazione e trattano gli altri bambini come se fossero i loro bimbi piccoli.

Se la divisione avviene mentre sta attraversando la fase edipica, la fase in cui, cioè, è "innamorato" del genitore del sesso opposto, il bambino può inconsciamente desiderare che il genitore rivale scompaia, lasci la casa. Ma una cosa sono i desideri inconsci e un'altra è la realtà dei fatti. Se il suo desiderio inconscio si avvera, quello stesso bambino (o bambina) può avere paura dei suoi poteri, sentirsi "cattivo" per avere nutrito desideri che hanno portato alla divisione della famiglia e convincersi di essere stato lui/lei la vera causa della separazione.

A cinque-sette anni i bambini – sia pure con forti differenze legate al temperamento – possono mostrare chiari sentimenti di perdita e di rifiuto, essere confusi e spaventati. A questa età il piccolo può anche pensare che se il padre (o la madre) se ne è andato di casa, lasciandolo, lui non ha alcun valore. Poiché una simile deduzione ha dei contraccolpi negativi sull'autostima e l'immagine di sé, i genitori dovrebbero tenerla presente quando spiegano ai figli che cosa sta succedendo.

Separazione e divorzio sembrano essere particolarmente difficili per i bambini dai sette agli otto-nove anni. La reazione principale è la tristezza: piangono apertamente oppure sono melanconici perché pensano al genitore assente. A questa età i bambini sono vulnerabili al senso di abbandono e possono sentirsi rifiutati dal genitore che si allontana. L'aumento della depressione e il calo dell'autostima sono il risultato tipico di questa condizione. A seconda del temperamento potranno anche essere più o meno agitati o instabili, avere problemi di concentrazione, con conseguente diminuzione del rendimento scolastico. A volte la tensione si manifesta sotto forma di emicrania, dolori intestinali o inappetenza; ma c'è anche chi reagisce mangiando oltre il necessario e ingrassando.

La tristezza si trasforma più facilmente in rabbia tra i nove e i dodici anni. A questa età si può essere arrabbiati con entrambi i genitori, ma in particolare con quello che è considerato il responsabile della divisione. Ci si può alleare con uno dei due attribuendo all'altro tutta la colpa. O si possono provare sensi di colpa legati al dubbio di non avere fatto abbastanza per tenere unita la coppia. Qualcuno ha difficoltà con gli amici, altri si vergognano di parlare della separazione, altri invece si rendono conto di non essere i soli ad avere i genitori separati.

I maschi sono scossi dalla separazione più di quanto generalmente diano a vedere. È anche più facile che un maschio entri in conflitto con la madre e le disobbedisca più di quanto non accadesse in precedenza. Questa tendenza alla ribellione, sia a casa che altrove, nasce in gran parte dal fatto che oltre l'80 per cento dei figli si trova a vivere con la madre in un'età in cui si avverte intensamente il bisogno di relazionarsi con una figura maschile (vedi alle pp. 97-98). Se dunque le bambine continuano ad abitare con il genitore del loro stesso sesso (che funge da modello di riferimento per la crescita), i bambini si ritrovano a perdere più di frequente la figura maschile, soprattutto quando i padri separati non assumono un ruolo attivo, sono distanti o, per motivi diversi, non hanno più alcuna influenza sui figli. La mancanza di una figura maschile può determinare anche nelle femmine qualche disagio nel corso dell'adolescenza, in concomitanza con le prime esperienze sentimentali e sessuali: se una ragazza ha la percezione di essere stata rifiutata dal padre, non riconosciuta o valorizzata nella propria femminilità, può temere le relazioni sentimentali o, al contrario, lanciarsi in avventure sessuali al solo scopo di sentirsi desiderata e avere conferme sulla propria femminilità.

Gli adolescenti possono reagire in maniera molto diversa alla separazione: di norma si adattano più facilmente dei bambini, sia perché comprendono meglio ciò che sta accadendo, sia perché stanno diventando più indipendenti dalle relazioni familiari. Alcuni reagiscono creandosi un proprio spazio di tranquillità e immergendosi nei propri interessi (amici, studio, lettura, musica, relazioni sentimentali eccetera). Altri aiutando maggiormente i genitori e i fratelli minori e partecipando attivamente alle decisioni della famiglia. C'è invece chi si sente tradito e come reazione si allontana rabbiosamente dalla famiglia, adottando comportamenti spregiudicati. Il fatto che i genitori stessi abbiano nuove relazioni sentimentali li autorizza in un certo senso ad avere costumi sessuali più liberi. «Non hanno mai interferito nella mia vita sessuale» spiega Ilda, che aveva quattordici anni al momento della separazione, e aggiunge «d'altro canto come avrebbero potuto, dato che si sono separati a causa dei reciproci tradimenti?» Tuttavia, alcuni vivono male la nuova stagione sessuale dei loro genitori e assumono atteggiamenti moralistici nei loro confronti. Cristina, per esempio, anche lei quattordicenne al momento della separazione, parla in questi termini del rapporto di sua madre con il nuovo compagno: «Mi creava imbarazzo il fatto che mia madre, alla sua età, avesse bisogno del sesso».

Più dei bambini, i ragazzi possono accusare i genitori di egoismo e di comportamento irresponsabile, in quanto hanno ormai compiuto il salto cognitivo da "i miei genitori stanno divorziando" a "la mia vita non sarà mai più come prima". Si rendono anche conto dell'impatto che la separazione avrà sulle finanze familiari e, quando il denaro è scarso, sul loro futuro, sulla possibilità per esempio di poter continuare gli studi. A sedici o diciotto anni si può soffrire come a otto-nove, anche se si ha maggiore esperienza e si è in grado di esprimere valutazioni e giudizi e di comprendere meglio ciò che sta accadendo.

3

IL BUON DIVORZIO

Ho sempre considerato la separazione dei miei una grande vittoria perché ha permesso a tre persone di avere una vita serena.

FRANCESCA, TRENTADUE ANNI

La notizia che un genitore lascia la casa può, come abbiamo visto, creare un senso di spaesamento, suscitare proteste, tristezza e infelicità, ma può anche essere vissuta come una liberazione. Nei rapporti familiari le ambivalenze sono frequenti (attaccamento/rabbia, affetto/rifiuto, odio/amore, risentimento/pena) e una scelta del genere può fare uscire la famiglia da uno stato di stallo improduttivo e logorante e chiarire le posizioni e i rapporti reciproci.

Il 76 per cento dei figli e delle figlie che con le loro parole animano questo volume ha affermato che la separazione dei genitori ha rappresentato un duro colpo al momento in cui è avvenuta, eppure soltanto il 28 per cento l'ha definita "sbagliata" (perché "avrebbero dovuto attendere", "si poteva rimediare", "era dolorosa per i figli"). A distanza di anni, il 72 per cento ritiene che sia stato un passo "giusto" o "necessario". Il 52 per cento considera che, anche se al momento è stata difficile da accettare, sia servita loro per maturare, comprendere la complessità delle relazioni sentimentali e umane, trarre utili insegnamenti relativi ai rapporti con il proprio coniuge, i figli, gli amici.

Finalmente si respira

Se ci si cala nel clima che regna nelle famiglie conflittuali, dove ci sono continui scontri oppure un accordo di facciata e molte tensioni (incomprensioni, lotte, manipolazione della comunicazione) non è difficile comprendere perché, quando alla fine si arriva alla separazione, i figli possano sentirsi sollevati. Non significa che siano contenti, significa soltanto che insieme ad altri sentimenti provano anche un senso di sollievo dovuto al fatto di intravedere una svolta che potrebbe portare il sereno nelle loro vite e in quelle dei genitori. Questa condizione è più frequente tra i figli grandi che hanno assistito al graduale e progressivo deterioramento del clima familiare. I figli che per anni hanno dovuto destreggiarsi tra due campi avversi infatti comprendono che la separazione è soltanto l'ultimo atto di un processo iniziato molto tempo prima. Sanno che i genitori, pur continuando a stare insieme, non si intendevano più e che il loro disaccordo era all'origine di quel clima pesante che incombeva su di loro.

«È stata una liberazione: non potevo più vedere soffrire mia madre» (Lea).

«Avevo quindici anni e mia sorella dieci. Dopo un momento di smarrimento ho accettato la cosa. Certo, la famiglia tradizionale si inserisce meglio socialmente, è accettata da tutti e non suscita interrogativi (anche se poi quando si va in profondità ci si rende conto che molte famiglie tradizionali hanno dei grossi problemi), io però nell'apprendere che i miei genitori si separavano mi sentii rilassato, tranquillo. È stata una liberazione! In casa si era creata una tensione che mi faceva stare male. Ho sempre pensato che la separazione fosse la cosa più giusta per tutti e infatti così è stato» (Vittorio).

«Fui contento quando me lo dissero. Come genitore unico mia madre se l'è cavata egregiamente» (Marcello).

«Avevo solo dieci anni ma non mi ha mai sfiorata l'idea di fare qualcosa per convincerli a restare insieme: non volevo rivedere quelle scene di botte e urla che avevo visto per anni. Stare con loro sì, ma uno alla volta. Quando stavamo tutti e tre insieme non era una famiglia ma un vero bordello. Erano troppo giovani e inesperti quando si sono sposati, questo è il motivo per cui le cose non hanno funzionato. La separazione è stata positiva per tutti, specialmente per mio padre: lui ha trovato una compagna che lo ha cambiato moltissimo e lo ha reso una persona migliore» (Renata).

«Siamo stati una famiglia normale. Poi è successo qualcosa che ha provocato una tensione esagerata. Per noi figli è stato veramente brutto vedere i loro litigi. Ti dici: "I miei genitori non possono fare questo!" e invece lo fanno. Io avevo diciassette anni e mio fratello diciannove. Qualche volta mi sono messa di mezzo per paura che si scannassero. C'era un clima di esasperazione intollerabile tant'è che a un certo punto dovetti andarmene perché non ce la facevo più» (Barbara).

Anche per Domenico, il musicista mancato (vedi a p. 40), la divisione è stata vissuta come un sollievo, sia pure non privo di ambivalenze. «Quando mio padre se ne è andato di casa mi sono sentito più leggero. Una parte di me stava male ma stavo peggio prima. Continuare a vivere a quel modo con un padre che va e viene come gli pare, che ha una seconda vita di cui tu non sai nulla, che litiga con tua madre, che ignora le esigenze dei figli sarebbe stato distruttivo per tutti.»

È difficile valutare l'impatto del divorzio sui figli se non si considera il clima familiare prima della rottura. Il sociologo Paul Amato (2001), che durante gli anni Ottanta e Novanta seguì duemila famiglie, rilevò che una delle chiavi per prevedere l'adattamento dei figli alla separazione e al divorzio è il livello di conflittualità che li precede. Secondo questo autore i figli che provengono da famiglie ad alta conflittualità stanno meglio dopo la separazione rispetto a quelli che sono vissuti in una famiglia a basso livello di conflittualità, in quanto generalmente il divorzio, se ben realizzato, rimuove in buona misura i motivi del disagio.

Molti tra i nostri intervistati che hanno vissuto anni di grandi tensioni concordano con questa interpretazione e considerano il divorzio una decisione spiacevole ma necessaria, chiarificatrice e in molti casi giusta e risolutiva. E quando la situazione resta confusa, preferirebbero maggiore chiarezza. È ancora Domenico a parlare: «Quando si sono separati, pur continuando a vivere sotto lo stesso tetto, io avevo sedici anni e quindi ero abbastanza grande per capire da solo che ormai il loro matrimonio era finito... se mai era cominciato! Quello che non capivo era perché si ostinassero a continuare a vivere nella stessa casa».

Il divorzio ideale

Il divorzio insegna ai figli che le relazioni sono fragili e che certe situazioni sono al di fuori del loro controllo, ma questo apprendimento può essere produttivo o controproducente a seconda delle condotte dei genitori. Se questi continuano a farsi la guerra anche dopo la separazione, ad accusarsi vicendevolmente, a disprezzarsi e, peggio che mai, a usare i figli come armi per combattersi e ferirsi, è evidente che la lezione che i figli impareranno sarà tutta quanta in negativo, anche se, stremati, potranno decidere di voler diventare tutto il contrario dei loro genitori, impegnandosi di più nelle relazioni di coppia. È infatti possibile che dalla negatività nasca la positività. Meglio però evitare gli stress prolungati: se i genitori riescono a tenere un comportamento civile, la possibilità che i figli si riprendano e ritrovino rapidamente un equilibrio aumenta notevolmente.

Cerchiamo di immaginare il mondo ideale del postdivorzio. I genitori non vanno più d'accordo e comunicano ai figli la decisione di separarsi senza tuttavia avvilirli con i loro contrasti e litigi. Mamma e papà siedono insieme ai ragazzi ed espongono con calma le ragioni che li hanno indotti a prendere quella decisione. Si mostrano anche disponibili ad ascoltare domande e osservazioni, a rispondere, a contenere le ansie e le paure. Quando uno dei genitori è andato a vivere altrove continua ad avere un rapporto cordiale (o quanto meno civile) con i figli, e a rassicurarli che saranno sempre amati e seguiti. La divisione delle proprietà, gli alimenti, la scadenza delle visite vengono stabiliti di comune accordo, senza l'intervento di giudici e avvocati. Il genitore che vive altrove continua a essere una figura centrale nella vita dei figli: non si trasforma nel genitore della domenica, non perde il suo ruolo, non si comporta come se fosse loro coetaneo. Sulle decisioni importanti papà e mamma presentano un fronte unito e coordinato. Potrà capitare che uno o entrambi si risposino, abbiano dei nuovi compagni e amplino così la cerchia familiare: cercheranno però di rispettare i tempi dei figli, valuteranno se questi sono pronti per accogliere nuove persone nella loro vita. Saranno presenti agli eventi importanti – compleanni, gare sportive, laurea, matrimonio eccetera – e in quelle occasioni non creeranno imbarazzi. In uno scenario del genere è l'amore a vincere sul risentimento.

Questo clima idilliaco non è facile da instaurare per svariati motivi; tuttavia, anche se rari, divorzi del genere esistono. Chiara, che ha vissuto l'esperienza della separazione a otto anni e quella del divorzio a dodici, racconta che la prima preoccupazione dei suoi genitori fu quella di porre al centro il benessere suo e di suo fratello, che allora aveva sei anni. «Certo, all'inizio ci sono rimasta male, ma loro mi hanno fatto capire che sarebbero stati accanto a noi e avrebbero continuato a volerci bene come prima. Mi dispiaceva che papà se ne andasse in un'altra casa e non fosse più con noi la sera, lui però trovò un appartamento poco distante e mamma lasciava che andassimo da lui ogni volta che volevamo, anche alla sera. Fu chiaro, fin dall'inizio, che avrebbero sempre cercato di trovare un accordo.» Dopo la separazione la madre di Chiara migliorò sia nell'umore che nell'aspetto. Era più allegra, più contenta. Ottenuto il divorzio si risposò con un uomo con cui Chiara andava d'accordo. Dopo quel matrimonio suo padre, durante una gita in montagna, spiegò a lei e a suo fratello che non era geloso del fatto che la mamma si fosse risposata e che loro due potevano voler bene sia a lui che al patrigno. «I sentimenti non vanno a peso» aveva spiegato «e si può voler bene a più persone contemporaneamente.» «Mi ritengo fortunata di essere cresciuta con dei genitori così in gamba. Ho voluto bene a tutti e tre e continuo a essere molto legata a loro. Crescere con tre genitori equilibrati è stato molto formativo. Ho visto come affrontavano i problemi e come ogni volta cercavano di risolverli senza ingannarsi a vicenda.» Non solo i genitori di Chiara furono più felici dopo aver divorziato, ma continuarono a garantire ai figli un ambiente stabile e affettuoso. Il risultato è che Chiara è cresciuta sicura e fiduciosa, con un buon livello di autostima. Del matrimonio non ha paura, anche se prima di fare quel passo vuole essere certa di avere trovato l'uomo giusto. «Penso che il modo in cui mi hanno spiegato le cose quando hanno deciso di dividersi e l'esempio che mi hanno dato in seguito – a differenza di altri divorzi terribili che ho visto – mi abbiano aiutato a capire meglio gli altri e me stessa. Ho capito per esempio due cose, che per me sono fondamentali: che un uomo e una donna possono essere delle ottime persone ma inadatte a formare una coppia e che per avere dei buoni rapporti bisogna prima di tutto essere onesti con se stessi; molte persone infatti continuano a litigare perché pretendono di essere diverse da ciò sono, vedono "i torti" che gli altri fanno loro ma non quelli che loro fanno agli altri.»

Quella di Chiara è una condizione ideale e rara, che però può servire come modello a cui tendere. Invece di ferirla e di traumatizzarla, il divorzio ha avuto un ruolo positivo nella sua crescita e nella sua maturazione. In un certo senso, anche se può sembrare paradossale, il divorzio nel suo caso ha agito come una terapia psicologica. Il fatto che i genitori abbiano posto fine a una relazione infelice, che sua madre sia riuscita a formare un secondo legame affettivo, questa volta felice, che il padre non abbia tentato di sabotare la nuova famiglia ma anzi l'abbia accettata e riconosciuta, sono tutte situazioni che hanno consentito a Chiara di comprendere quanto sia importante essere onesti nelle relazioni con le persone e come un'importante premessa della vita di coppia sia saper vedere chiaro in se stessi.

Anche Silvano, i cui genitori si sono separati quando aveva dieci anni e hanno divorziato quando ne aveva diciotto, ha vissuto bene l'esperienza grazie ai genitori. «Si sono sposati per amore e si sono separati di comune accordo quando si sono accorti che non avevano più nulla in comune e conducevano vite separate. L'unico interesse che condividevano eravamo io e mio fratello: un po' poco per continuare a stare insieme. È stata soprattutto mia madre a volersi dividere perché si era accorta che quando mio padre era lontano per lavoro lei stava meglio. All'inizio ci sono rimasto male e me la sono presa con lei; ma anche se i miei genitori hanno due visioni diverse sull'educazione – mio padre è più indulgente, mia madre è più severa – nessuno dei due ha cercato di sabotare l'altro. Entrambi poi hanno aiutato mio fratello, che è un tipo ribelle. Grazie al loro comportamento mi sono adattato abbastanza in fretta al cambiamento. La mia vita non è mutata. A scuola andavo bene e sono sempre stato socievole. Nella mia classe c'erano più ragazzi con genitori separati che uniti. Avrei voluto a casa mio padre per parlare di calcio ma la serenità non mi è mai mancata. Non ho avuto né sogni né incubi né problemi di alcun tipo. Mio padre ha preso una casa in affitto accanto alla nostra, così poteva vederci facilmente. Anche sui soldi si sono messi d'accordo. Due anni dopo la separazione lui stesso si è offerto di dare di più a mia madre, visto che il suo stipendio era aumentato e quello di mia madre invece era rimasto invariato. L'esperienza del divorzio mi è servita per capire che non sempre l'amore può durare tutta la vita e che non si può incolpare l'altro se questo finisce. Da qualche anno mia madre ha un nuovo compagno. Con lui non c'è un forte legame perché non è mio padre, ma penso che lui mi consideri un amico. Abbiamo imparato a stare bene insieme. Con mio padre il rapporto è stato sempre positivo. Spesso mi dice che come padre si sente orgoglioso di essere riuscito a superare il rancore che provava verso mia madre. Nonostante la loro esperienza io desidero sposarmi e avere dei figli.»

Superato lo shock iniziale, l'atteggiamento civile e responsabile dei genitori è fondamentale. Ada, per esempio, ha ritrovato l'equilibrio in poco tempo. «Ero dispiaciuta, poi però mi sono resa conto che la situazione non era cambiata molto: mio padre era andato a vivere poco distante e io potevo vederlo quando volevo. Non c'erano visite stabilite dal giudice ma un sistema aperto. Anche se non si amavano più, mamma e papà hanno continuato ad andare d'accordo e così, dopo un periodo di assestamento che è durato cinque-sei mesi, ho ripreso la mia vita. Andavo a scuola normalmente, giocavo molto con le mie amiche, erano gli anni delle medie e quindi molto spensierati e divertenti. Insomma, grazie al fatto che loro hanno mantenuto dei buoni rapporti e sono stati dei bravi genitori, io non ho avuto grossi problemi.»

Scheda 3
Cosa ho imparato dal divorzio dei miei genitori

«Ho imparato a conoscere le persone. Sono diffidente verso i partner gelosi perché la gelosia è stata il motivo che ha portato i miei a separarsi. Come figlia di separati mi rendo conto che la serenità dei genitori è indispensabile per una crescita sana dei figli. Non ho nulla contro il matrimonio» (Giuliana, ventiquattro anni).

«È stato uno stimolo a guardarmi dentro e a migliorarmi. L'esperienza dei miei mi ha insegnato a guardare le cose anche dal punto di vista degli altri non soltanto dal mio e con le ragazze riesco ad avere dei buoni rapporti» (Salvatore, ventisette anni).

«Non ho nulla contro il matrimonio ma non rifarei l'errore che hanno fatto loro cedendo alle pressioni dei loro genitori. Potrei mettere al mondo dei figli soltanto se fossi sicura che il rapporto di coppia è solido» (Ada, ventiquattro anni).

«Ho imparato che la famiglia del Mulino Bianco non esiste e che può essere meglio avere un solo genitore invece di due» (Rossana, ventiquattro anni).

«Ho capito che se non si va d'accordo non si può vivere insieme. Sono diventato tollerante: non mi aspetto che gli altri siano perfetti, ognuno di noi ha dei difetti. Penso che ci si debba impegnare per far funzionare le cose ma che non sempre è sufficiente la buona volontà» (Giancarlo, ventiquattro anni).

«Ho capito, perdendo i contatti con mio padre, che i figli devono mantenere i rapporti con entrambi i genitori, indipendentemente dal fatto che uno abbia torto e l'altro ragione.» (Lea, ventun anni).

«Ho capito che nella vita per essere felici bisogna mantenere i propri spazi, la propria libertà e indipendenza.» (Marcello, ventun anni).

«Forse sono cresciuta troppo in fretta, in cambio ho imparato a muovermi con i piedi di piombo. Ho vissuto dei momenti difficili, ma ora sono tranquilla. Sono sicura al mille per mille di non ripetere gli errori dei miei genitori. Ho anche visto che un genitore solo è preferibile a due che si fanno la guerra.» (Barbara, ventiquattro anni).

«Se i miei genitori non avessero divorziato e non si fossero risposati io non avrei saputo che cos'è una unione ben riuscita, perché loro due erano incompatibili; ma dal momento in cui entrambi hanno trovato la persona giusta, tutto è cambiato in meglio» (Gianna, ventiquattro anni).

Una coppia fuori dagli schemi

Molte storie si assomigliano ma ognuna è diversa dall'altra. In quella che segue, una figlia, Michela, spiega come intorno ai diciotto anni abbia vissuto la separazione dei genitori, una coppia fino a quel momento innamorata e affiatata, e come quell'evento imprevisto abbia modificato il suo modo di considerare gli uomini e il matrimonio.

«La mia è stata una famiglia fuori dagli schemi; i miei genitori si sono sposati quando io avevo già sette anni e mia sorella quattro. Ricordo che il giorno del loro matrimonio fu bellissimo perché era la conferma di quanto mamma e papà si amassero. Comunque già prima che si sposassero, in casa si respirava un'aria serena: i miei genitori erano due eterni ragazzini che si coccolavano e coccolavano tanto anche me e mia sorella. Non voglio dare l'immagine della famiglia perfetta perché di perfetto nella vita non c'è nulla, posso però dire che ci volevamo tutti molto bene e che non c'erano litigi o problemi gravi da risolvere. Anche dopo il matrimonio continuammo a essere una famiglia unita e allegra, ma alla luce dei fatti posso dire che dietro a quella serenità si nascondevano dei grossi problemi. Non problemi economici, ma problemi esistenziali. Si sono conosciuti giovanissimi, quando avevano quattordici anni: erano nella stessa classe e si innamorarono. Finito il liceo mio padre trovò un lavoro e poco dopo andarono a convivere anche se i loro genitori non erano d'accordo e avrebbero preferito che si sposassero. Si decisero a sposarsi soltanto quando io incominciai ad andare a scuola: pensarono che gli altri avrebbero potuto considerarmi diversa e che io e mia sorella ne avremmo sofferto, inoltre c'erano le critiche dei parenti che invece di diminuire col passare del tempo aumentavano. I parenti dicevano cattiverie sul conto di mio padre e mia madre e loro a un certo punto hanno ceduto. Ma è stato proprio il matrimonio a dare origine alle incomprensioni che li hanno portati a separarsi.

«Un giorno quando sono tornata da scuola, avevo all'incirca diciotto anni, mi hanno fatta sedere sul divano del salone e mi hanno detto con molta serenità che avevano bisogno di un periodo di pausa e che volevano stare lontani per un po' di tempo; ci tennero a precisare che quella non era una pausa da me e da mia sorella ma che anzi per noi non sarebbe cambiato nulla. Ovviamente fu uno shock. Non riuscivo a farmene una ragione: fino ad allora erano sempre andati d'amore e d'accordo. Insistetti per avere altre spiegazioni, ma l'unica cosa che ottenni furono frasi fatte: "Cerca di capire, noi dobbiamo ritrovarci, ma per farlo abbiamo bisogno di stare lontani!" e poi: "Fai la brava vicino a tua sorella, falle capire che vi amiamo come sempre" eccetera eccetera. Insomma erano pietosi, non avevano nemmeno il coraggio di dire la verità alla figlia ormai diciottenne e in grado di comprenderli e aiutarli. Mia sorella ne ha sofferto più di me, è caduta in depressione, ha smesso di mangiare e per riprendersi ha avuto bisogno di un sostegno psicologico. Si è ammalata non tanto per la separazione in sé ma per il fatto che non poteva spiegarsi che cosa fosse accaduto così all'improvviso, senza una ragione. Se i tuoi genitori litigano soffri, però capisci che cosa sta succedendo.

«Le cose per loro sono cambiate quando hanno "dovuto" sposarsi: hanno vissuto questo passo come una costrizione. Erano felici di convivere perché sentivano meno il peso delle responsabilità, mentre sposandosi hanno provato una sensazione di soffocamento, che è poi la stessa che provo io quando penso al matrimonio. A un certo punto mio padre ha tradito mia madre. Pare l'abbia fatto con diverse donne. Comunque anche mia madre non è stata una santa perché qualche anno dopo il matrimonio tradì mio padre, pare una sola volta con un amico, ma la cosa non la rende meno colpevole di lui. Io e mia sorella non ci eravamo accorte di nulla: sembravano la coppia perfetta e invece loro avevano un fortissimo desiderio di uscire dalla loro gabbia dorata.

«Solo quando ho saputo, in occasione del divorzio, che si erano traditi vicendevolmente ho cominciato a farmene una ragione. Soltanto allora mio padre e mia madre ebbero il coraggio di dirci la verità. Mi stupii molto nel venire a conoscenza dei reciproci tradimenti, perché li avevo sempre visti molto uniti e innamorati, però non mi arrabbiai: finalmente avevo delle spiegazioni, non dovevo più arrovellarmi cercando di capire l'incomprensibile. Così, se in un primo momento considerai la loro scelta del tutto sbagliata, in seguito l'ho condivisa perché ho capito che il matrimonio non è il modo migliore per essere felici. Noi eravamo più famiglia quando loro convivevano di quanto non lo siamo poi stati dopo il matrimonio.

«Oggi i miei genitori si incontrano ancora, si telefonano, riescono tutt'ora a ridere insieme... e si raccontano le reciproche avventure. Nessuno dei due ha un compagno o una compagna e non hanno certo intenzione di risposarsi. Perché allora hanno divorziato? Il motivo è sempre di ordine psicologico: entrambi hanno voluto il divorzio per spezzare quel legame soffocante che il matrimonio aveva creato.»

La convivenza comporta una conoscenza diretta dei propri familiari, che consente di fare previsioni sul loro modo di agire e di reagire. I genitori conoscono i propri figli e i figli sanno che cosa aspettarsi dai genitori. Ma non tutto è evidente e interi settori della vita intima di una persona, anche se a noi vicina, possono sfuggirci. Nel caso che abbiamo appena letto, la ricostruzione della vicenda esistenziale della coppia da parte della figlia non è stata immediata, ma ha richiesto alcuni anni. Soltanto al termine di un lavoro di ricerca, Michela è riuscita a dare inizio a quel processo di elaborazione che le ha consentito di venire a patti con una realtà inizialmente incomprensibile e di modificare le proprie interpretazioni. Oggi Michela ha trentasei anni, un lavoro, ed è madre single ma felice di un bambino di quattro anni. Con il padre del piccolo dice di avere un buon rapporto, ma per il momento non ha alcuna intenzione di formare un nucleo familiare con lui. «Il nostro è un rapporto molto libero» spiega. «In seguito si vedrà, potremmo decidere di convivere, non certo di sposarci. È chiaro che non farò mai l'errore dei miei genitori! La loro esperienza mi ha aperto gli occhi, è stata un'esperienza tutto sommato positiva che mi ha evitato di lasciarmi trascinare dai modelli romantici che ti propina la televisione. Il matrimonio da favola, l'abito bianco, le damigelle e tutto il resto non servono per essere felici.» La sorella di

Michela invece, che a seguito della separazione dei genitori è stata in terapia psicologica, è sposata con un uomo con cui va d'accordo ed è madre felice di due figli.

Parole che illuminano

Delle parole si possono fare usi diversi: possono essere utilizzate per comunicare, chiarire, creare legami tra le persone ma anche per sviare, prendere tempo, ingannare, sopraffare, calunniare. Per il potere che hanno, le parole possono anche convincere e curare.

Fare buon uso delle parole è un grosso vantaggio per i figli, perché li aiuta a venire a patti con una realtà che inizialmente appare inaccettabile, come nel caso di Pietro, undici anni. Aveva trascorso le vacanze estive con i genitori e la sorella divertendosi molto e cimentandosi per la prima volta nel surf insieme al padre. Al rientro in città, dopo una quindicina di giorni i genitori lo convocarono insieme alla sorella e gli dissero che erano intenzionati a divorziare. Dapprima Pietro rifiutò questa notizia e con ogni mezzo cercò di impedire la partenza del padre. Soltanto dopo aver conversato a lungo e a più riprese con la madre incominciò ad accettare i cambiamenti legati alla separazione e a superare lo shock.

Non è quasi mai conveniente che gli adulti raccontino dettagli inquietanti, né che facciano confidenze inopportune, è bene però che non lascino i figli da soli con la loro confusione, la loro rabbia e le loro paure. In un momento così critico essi hanno bisogno di sentire che qualcuno presta loro attenzione. Illustrando i motivi che hanno portato alla fine del matrimonio, si spiega anche che il divorzio non è una regola generale e che molte sono le coppie che vanno d'accordo. Non è per nulla facile per un bambino di undici anni capire come un rapporto che fino a poco tempo prima sembrava sereno possa essersi trasformato fino a sfociare nel divorzio. Se non lo si aiuta a comprendere, la nozione di felicità può diventare per lui via via più sfuggente e irreale: se infatti, sulla base delle sue percezioni, esperienze e convincimenti, era certo che le cose andassero nel migliore dei modi – ma così non era – arriverà a domandarsi: che cosa è reale e che cosa è illusorio? E sarà in grado, crescendo, di non scambiare un'illusione per la realtà, di non ripetere l'esperienza dei suoi genitori?

Vantaggi

È normale che i figli ritengano che un loro intervento avrebbe potuto tenere unita la coppia. Forse non si sono comportati bene – si dicono – non hanno fatto abbastanza? "Non sarebbe dovuto accadere" è una frase che si sente ripetere spesso: tuttavia è importante, per loro, non concentrarsi soltanto sui lati negativi del divorzio, ma riuscire a vederne anche i vantaggi.

Sicurezza. Nelle famiglie maltrattanti, il divorzio può essere l'unica soluzione, come lo è nei casi di abuso sessuale. Non si può vivere in uno stato di allerta costante. Gli stress che durano nel tempo possono generare disturbi psicosomatici e problemi psicologici (vedi a p. 113). Dopo un periodo di assestamento, se il divorzio non porta con sé strascichi pesanti, i figli ritornano ai loro giochi, allo studio, alla vita sociale. Da adulti comprenderanno meglio il motivo per cui quella scelta è stata necessaria, cercheranno di riflettere quando dovranno a loro volta fare scelte importanti. Un esempio limite ma reale è quello di Sofia, trentenne, coniugata con due figli. Sua madre decise di separarsi quando si accorse che il padre abusava di lei, che allora aveva sette anni, e di sua sorella, che ne aveva nove. «Inizialmente non sapevo cosa stesse succedendo: pensavo soltanto che papà non mi avrebbe più voluto bene perché avevo svelato il nostro segreto» racconta. «Poi mia madre mi spiegò che certi giochi non si fanno tra padre e figlia. All'inizio ero arrabbiata con lei perché mi aveva allontanata dal mio papà cui volevo bene. Crescendo ho capito. Era un uomo malato e mia madre ha fatto l'unica cosa da fare. Lei si sente ancora in colpa per non aver capito che tipo di persona fosse mio padre. Ma era innamorata di lui, si fidava ciecamente e lui la trattava bene. Il loro rapporto era quasi perfetto...»

Miglioramento delle relazioni familiari. Abbandonate le tensioni e raggiunta una maggiore serenità, i figli possono finalmente avere un buon rapporto con l'uno e con l'altro genitore separatamente. «Vedi i tuoi genitori, ognuno a casa propria, più rilassati, più tranquilli, ed è molto meglio così» spiega Vittorio, i cui genitori si sono separati quando aveva quindici anni. Si possono allora scoprire lati piacevoli del carattere dell'uno o dell'altra che prima, in un clima di tensione, non potevano emergere. E se alcuni padri separati si disinteressano dei figli o se ne occupano poco, altri invece scoprono che in assenza delle interferenze materne riescono ad avere con loro una relazione più soddisfacente. «Dopo la separazione mio padre è diventato migliore. Quando andavo a trovarlo, in assenza di mia madre, finalmente potevamo dialogare. Quando stavano ancora insieme si contraddicevano in continuazione, stando solo con me e mio fratello era molto più rilassato. Continuo ad avere un buon rapporto con lui e anche con mia madre» spiega Barbara, i cui genitori si sono separati quando aveva diciassette anni. Se poi si forma una seconda famiglia basata sull'accordo e l'ottimismo come nel caso di Chiara (vedi a p. 68), un figlio può trovarvi quei modelli positivi che non ha potuto trovare nella prima famiglia. A seguito dell'esperienza che hanno vissuto, i figli maschi possono diventare più sensibili e capaci di comprendere le esigenze della propria partner. Le femmine possono imparare a lasciare più spazio al partner tra le mura domestiche e nel rapporto con i figli.

Genitori più sereni. Quando il divorzio migliora i genitori, i figli scoprono una nuova dimensione. Capiscono che la vita obbliga a grossi cambiamenti ma che questi possono essere positivi. Vedere che papà e mamma riescono a cavarsela da soli, senza bisogno di dipendere da qualcuno, può promuovere l'autonomia. Il genitore che riesce ad affrontare le difficoltà con successo diventa un modello da imitare. «Mia madre, prima che si separasse, sembrava una donna insicura e debole, non appagata nella vita affettiva» racconta Virginia, diciannovenne, ultima di tre figli di cui uno portatore di handicap. «Con la separazione è emerso un lato del suo carattere che non conoscevo. Mio padre, invece, non avendo accettato la malattia di mio fratello si è allontanato dalla famiglia. Dopo un breve periodo di smarrimento e di paura, mia madre, trovandosi da sola, ha saputo reagire e si è organizzata nel gestire la vita familiare. Ha trovato un lavoro che poteva svolgere nelle ore in cui noi eravamo a scuola. Oggi è una donna serena. I rapporti con noi figli sono ottimi. Con lei si può parlare di qualunque cosa. L'ammiro molto per quello che è stata capace di fare.»

Questa testimonianza ci dice che se alcuni genitori, rimasti soli a condurre la famiglia, avvertono il peso delle responsabilità e della solitudine, di non potere cioè condividere con qualcuno le decisioni più importanti e non avere un appoggio in alcuni momenti, altri invece riescono a essere genitori migliori di quanto non fossero prima, grazie al clima disteso che ora regna dentro casa. Questi *genitori unici* devono supplire all'assenza dell'altro genitore, essere madre e padre al tempo stesso, tuttavia in molti casi già svolgevano la funzione di genitore preminente prima della separazione in quanto l'altro genitore, poco coinvolto o marginale alla famiglia, forniva un contributo modesto o nessun contributo all'educazione dei figli e al buon andamento della casa.

Fratelli e sorelle. Sebbene non si tratti di una legge generale, in un certo numero di famiglie nel periodo successivo al divorzio fratelli e sorelle solidarizzano e cercano di aiutarsi. Un fratello (o una sorella) rappresenta per molti un punto di riferimento e un polo affettivo. Essendo vissuti insieme fin dalla nascita e avendo condiviso molte esperienze, i fratelli hanno una conoscenza approfondita gli uni degli altri e spesso anche una notevole confidenza reciproca. Ci sono bambini che accettano di andare in visita dall'altro genitore soltanto se accompagnati dalla sorella o dal fratello, che ha il ruolo di ponte affettivo tra le due case. In altri casi, un fratello o una sorella maggiore diventano dei sostituti del genitore assente. «Dopo la separazione e l'abbandono di mia madre, che andò a vivere con un altro uomo» spiega Maura, i cui genitori si sono divisi quando aveva dieci anni «io e mio fratello, che aveva quattro anni meno di me, ci siamo molto avvicinati.» «Prima con mio fratello litigavo sempre. Dopo la separazione abbiamo smesso di litigare e siamo diventati molto amici» (Mario).

Famiglia allargata. I bambini che dopo la divisione vanno a vivere con i nonni o gli zii acquistano altre figure di riferimento ed entrano a far parte di un nucleo familiare più vasto caratterizzato da legami plurimi. In questi casi il passaggio dall'una all'altra condizione può essere all'origine di problemi (ci si sente ospiti, di peso, non del tutto accettati eccetera) oppure rappresentare un miglioramento: «Dopo la separazione io e mamma siamo andati a vivere a casa dei nonni, dove c'erano anche degli zii e un cugino» spiega Riccardo. «La vita lì era molto animata e mi sono sempre trovato bene. Ogni tanto vedevo mio fratello che viveva con mio padre, ma per me era tutto normale. Ero molto affezionato a mio nonno che per me è stato il capo famiglia.» La famiglia estesa e gli amici possono controbilanciare le perdite legate al divorzio. Anche la famiglia ricostituita può essere una famiglia estesa: con altri nonni, zii e fratelli.

Conviventi. Anche per quanto riguarda queste figure, gli esiti possono essere diversi. Possono nascere intolleranze insormontabili o crearsi situazioni ideali dove la nuova figura di adulto riesce a svolgere un ruolo positivo nei confronti dei figli del partner. Naturalmente ciò dipende da un insieme di circostanze più o meno felici, legate al caso e alla buona volontà di ognuno. Il "terzo genitore" può arricchire con la sua presenza l'ambiente sociale e familiare di un bambino. «Il mio patrigno è una brava persona e ha molti interessi. Mi ha trasmesso la passione per il jazz e per i libri gialli. Con lui sono sempre stato bene, più che con mio padre. È un uomo paziente che mi ha aiutato a capire molte cose e mi ha incoraggiato a mantenere i rapporti con mio padre. Quando c'era mio padre a casa si era sempre in tensione, con lui invece l'atmosfera è distesa e se c'è un problema cerca di risolverlo col dialogo, non con le urla. Io e suo figlio siamo amici, anche se tra di noi ci sono sette anni di differenza, e per un certo periodo abbiamo abitato anche nella stessa casa senza problemi» (Cristiano).

Contare su di sé. Ciò che a tutta prima può apparire come uno svantaggio può invece trasformarsi in un vantaggio. Muoversi tra una casa e l'altra, preparare il bagaglio, organizzarsi, pianificare i compiti, ricordarsi di non dimenticare date e oggetti importanti eccetera obbliga un bambino a contare su di sé più di quanto non debbano fare coloro che vivono in una famiglia unita. Se non ci sono motivi di sofferenza, il nuovo stile di vita rende man mano più autonomi e disinvolti, più disponibili ai cambiamenti. Muoversi tra famiglie diverse, sperimentare stili di vita differenti, può rendere competenti dal punto di vista sociale.

Concludendo, molti figli non si fermano agli aspetti negativi, ma vedono anche quelli positivi, ossia quelle condizioni che, superato lo shock iniziale, hanno consentito loro di crescere serenamente. Questa capacità, come vedremo più avanti, è importante per non entrare nel circolo vizioso delle attese negative.

4

IL DIVORZIO MALATO

Bisogna dirlo, la peste aveva tolto a tutti il potere dell'amore e dell'amicizia. Perché l'amore ha bisogno di un po' di avvenire e per noi non c'erano che degli istanti.
ALBERT CAMUS

Nelle pagine precedenti abbiamo considerato gli aspetti produttivi del divorzio. Non sempre però lo scioglimento del matrimonio comporta un miglioramento dei rapporti e la fine delle ostilità. Anche il divorzio, come il matrimonio, per funzionare necessita di buona volontà. Il buon divorzio è possibile, ma in molti casi non si verifica per una serie di motivi: perché uno dei due lo subisce e non accetta le condizioni dell'altro; perché sentimenti di forte intensità, come la rabbia, la gelosia, il bisogno di vendetta non consentono di trovare la lucidità necessaria per prendere decisioni sensate; perché ci si sente profondamente feriti nell'orgoglio; perché si resta intrappolati nel legame di attaccamento che, per quanto determinati a dividersi, non consente una reale separazione; perché si cade preda di una crisi d'identità, di uno stato di alienazione o di depressione. La psicologa Judith Wallerstein, che nell'arco di più di trent'anni ha seguito da vicino centinaia di separazioni e divorzi, fa notare come in molti casi lo scioglimento del matrimonio non renda i genitori "più felici", come semplicisticamente molti sostengono: tradimenti, violenze, abbandoni, profonde incomprensioni possono lasciare in prostrazione almeno uno dei due genitori, rendendolo meno capace di prendersi cura di se stesso e dei figli. E per quanto riguarda la conflittualità, avvocati matrimonialisti, psicologi e mediatori familiari sanno che le ostilità possono continuare per anni – sotto forma di ricatti, dispetti, maldicenze, strumentalizzazione dei figli, persino denunce – e che tali ostilità hanno il potere di avvelenare la vita di tutti i membri della famiglia divisa.

Abbandonato

Contrariamente a Pietro (p. 77), che aveva undici anni al momento della separazione e che ha trovato in sua madre un sostegno, Dario, che all'epoca ne aveva quattordici, ha vissuto pesanti contraccolpi sul piano psicologico, economico ed educativo.

«Volevo morire, non mangiavo più, non avevo contatti con nessuno, ero diventato un vegetale. Avevo smesso anche di praticare tutte le attività sportive. Alcuni amici hanno cercato di aiutarmi portandomi in giro. Ho avuto dei problemi scolastici e ho ripetuto un anno. Non riuscivo a concentrarmi. Ero agitato anche per i problemi economici successivi alla separazione. Sono occorsi parecchi anni prima che mi riprendessi e alla fine sono andato da uno psicologo.» Secondo Dario i genitori avrebbero dovuto aspettare ancora qualche anno prima di separarsi. «Si sono lasciati in una età per me molto critica. Quello che rimprovero a mio padre è che sarebbe dovuto rimanere in casa, o almeno avrebbe potuto aspettare che io compissi diciotto o diciannove anni. Con lui vicino fino a quell'età avrei almeno potuto costruirmi una vita, finire la scuola e non avrei avuto questo contraccolpo psicologico. I rapporti in famiglia hanno contribuito a rendermi insicuro, stressato e chiuso in me stesso. Mia madre non era in grado di seguirmi, né di farsi obbedire e poi certe esigenze maschili una donna, anche quando è tua madre, non le capisce.» Dario che ha venticinque anni, un lavoro e vive con la madre, spiega che, sebbene crescendo abbia compreso che sarebbe stato impossibile per i suoi genitori continuare a vivere nella stessa casa, sul piano emotivo non ha mai accettato la separazione. Esclude tassativamente di potersi sposare, potrebbe forse convivere, ma non crede nei rapporti duraturi. Dopo la separazione, il rapporto con il padre è drasticamente peggiorato: si è sentito trascurato, posto in secondo piano rispetto alla nuova famiglia di lui; non ha accettato la seconda moglie né ha mai voluto incontrare il fratellastro, nato dalla nuova unione del padre. Il rifiuto del nuovo nucleo familiare è totale: «Io ho soltanto una famiglia e non ne voglio altre» afferma ancora oggi con rabbia.

Come mai Chiara e Silvano (pp. 68, 69) hanno tratto giovamento dal divorzio mentre Dario ne è stato traumatizzato al punto che ancora adesso mostra di non avere superato lo shock? Non c'è mai un unico fattore in gioco e il temperamento e le esperienze infantili hanno un ruolo fondamentale nel minare o rafforzare il carattere. Dario è molto sensibile, nel suo caso però i genitori non hanno fatto nulla per attutire il colpo. La notizia della separazione è arrivata all'improvviso quando la madre ha scoperto che il padre aveva una relazione extraconiugale. È stata lei ad accennarne a Dario un'unica volta. Dal canto suo, il padre non ha cercato mai di parlargli. Questo è stato un grosso errore che ha avuto l'effetto di incrinare in maniera irreversibile i rapporti tra i due, anche se in precedenza erano stati buoni. «Prima c'era dialogo. Dopo si è interrotto. Credo che lui si vergognasse e il silenzio era la sua fuga. Non sono più riuscito a parlare con lui. È mio padre, ma non lo considero tale. Con il suo comportamento ha modificato profondamente la vita di mia madre e la mia e questo non glielo perdono. Se lui non ci avesse lasciati io avrei portato a termine gli studi e avrei un lavoro qualificato.»

Dario si è ritrovato privo del padre, con cui era sempre andato d'accordo, quando per lui era molto importante avere una figura maschile di riferimento e si è schierato con la madre. D'altro canto il padre stava formandosi una seconda famiglia e, non parlando col figlio di quanto stava accadendo, l'ha di fatto escluso dalla sua vita. Dopo la separazione subentrarono delle difficoltà economiche che scatenarono una serie di liti tra gli ex coniugi. Il denaro era insufficiente e la madre fu costretta a trovarsi un lavoro in un'impresa di pulizie. Il drastico cambiamento dello standard economico fu un colpo duro. Dario e la madre furono sfrattati dall'appartamento in cui abitavano e dovettero andare a vivere presso i nonni materni in una casa di due sole stanze dove era praticamente impossibile studiare. Cambiando casa, Dario cambiò anche scuola e perse i contatti con quegli amici che inizialmente lo avevano aiutato. A distanza di undici anni e nonostante il divorzio, i litigi tra i genitori continuano per motivi economici.

La mamma cattiva

Abbiamo visto, nel capitolo precedente, come a volte l'uscita del padre da casa sia vissuta come una liberazione.

Questo tipo di reazione è più rara quando è la mamma ad allontanarsi. Per esempio, nel nostro campione quattro figli raccontano di madri che hanno lasciato marito e figli per ricostruirsi una vita da sole o con un altro uomo e in tutti e quattro i casi i figli denunciano una intensa sofferenza. L'idea che una madre lasci i figli al padre per scelta e non per forza maggiore risulta inaccettabile.

«Non pensi mai che tua madre possa abbandonarti. Mia madre invece ha lasciato me e mio fratello di cinque anni per un altro uomo. Io avevo dieci anni. Veniva a trovarci una volta a settimana, ci portava dei regali, voleva sapere come andava la scuola, qualche volta la incontravamo dai nonni materni, ma ogni volta che se ne andava via, io e mio fratello scoppiavamo a piangere. Era la mia mamma e io le volevo bene. Ma lei era molto determinata, ci salutava e se ne andava. Quei regali sancivano la sua lontananza, la sua incapacità di comunicare con noi figli in modo diverso, la sua impossibilità di essere una buona madre. Mi ricordo ancora che quando ho avuto le prime mestruazioni è stato mio padre a darmi le spiegazioni, perché mamma non c'era. Ho avuto molte difficoltà. Non sentirmi amata dalla mamma suscitava in me una grande aggressività. Sono diventata violenta, non avevo più voglia di studiare. Trattavo male anche mio padre perché non era riuscito a trattenere mia madre» (Maura).

«La mamma non tollerava più di essere soggiogata da mio padre, voleva lavorare ed essere indipendente» racconta Luisa. «Voleva fare una vita migliore rispetto a quella che le offriva mio padre. E infatti si è messa nel commercio ed è diventata ricca È andata a vivere in un'altra città e poi all'estero, dove si è risposata. E così un giorno ha riunito noi tre figli e ci ha detto che aveva trovato un lavoro ma che doveva andare lontano e noi saremmo rimasti con papà. Io avevo cinque anni, mio fratello undici e mia sorella quindici. Da quel momento è stata mia sorella a prendersi cura di me. Mio fratello ha sofferto, nei primi tempi, e andava male a scuola, mia sorella invece è quella di noi fratelli che ha reagito meglio. È diventata lei la nostra mamma anche se io sentivo la mancanza di quella vera, perché un bambino non ammette che sua madre possa lasciarlo. Non volevo più mangiare. Avevo ripreso a fare pipì a letto. Se andavo a una festicciola esigevo che mia sorella o mio padre stessero accanto a me per tutto il tempo. Non volevo più andare all'asilo perché non c'era la mamma che veniva a prendermi. La sera, quando dovevo andare a letto, volevo mia sorella e prima di addormentarmi le chiedevo quando sarebbe tornata la mamma. Di notte sognavo la mamma, ma c'era sempre qualcuno che la portava via. Mi svegliavo continuamente piangendo e volevo dormire nel letto con mia sorella. Ero diventata taciturna, triste, non volevo più giocare con le amiche, preferivo stare da sola. Come tutti i bambini fantasticavo. Pensavo che se io e mio fratello fossimo stati più buoni, forse la mamma non se ne sarebbe andata. Quando ho avuto il morbillo urlavo che volevo la mamma, tanto che mia sorella per starmi vicina non andava a scuola. Piangevo per qualsiasi cosa. Mia madre ogni tanto telefonava e parlava con tutti noi, ma non veniva mai a trovarci. Mi ricordo che dopo aver parlato con lei, mia sorella aveva sempre pronta qualche battutina, poi si avvicinava a me e mi abbracciava, diceva che era lei la mia mamma e che non mi avrebbe mai abbandonata. Man mano ho incominciato a considerare mia sorella la mamma vera, la mamma buona e quando pensavo a mia madre la pensavo come la mamma cattiva che non vuole bene ai suoi figli.» A differenza dei fratelli che erano più grandi, Luisa ha accettato di riavvicinarsi alla madre. «Avevo quindici anni quando è tornata in Italia. Ha voluto rivederci. Mia sorella e mio fratello sono stati molto freddi con lei. Io invece ero incantata a guardarla. Era più bella di come la ricordavo, era vestita molto bene, ci aveva portato molti regali e mi chiese se volevo uscire qualche volta con lei. Io risposi subito di sì perché il mio rancore verso di lei sembrava scomparso. Così abbiamo iniziato a frequentarci. Ancora adesso fa molti regali a me e ai miei figli. Non li fa ai miei fratelli perché loro non la considerano. Io invece avevo bisogno di lei e ora che sta invecchiando lei ha bisogno di me.»

Per un bimbo di cinque anni una madre che se ne va di casa alla ricerca di una vita migliore rompendo con la famiglia è una madre che "abbandona" i figli. L'abbandono è difficile da elaborare a questa età e il ragionamento che può scaturire è il seguente: «Se mi lascia io non sono nulla, non ho qualità per riuscire a trattenerla. Lei mi ha messo al mondo e lei mi rifiuta». Può verificarsi una doppia perdita: di una figura di attaccamento primaria e di un'immagine positiva di sé. Se a distanza di dieci anni Luisa accolse con entusiasmo colei che per tanto tempo aveva considerato "la mamma cattiva", è perché aveva un forte bisogno di sentirsi accettata, riconosciuta, amata, valorizzata. La sua crescita emotiva si era arenata all'età di cinque anni e soltanto la mamma aveva il potere di spezzare l'incantesimo che la teneva imprigionata.

A differenza di Luisa, Tullio non ha mai perdonato a sua madre di essersene andata quando lui aveva sette anni e suo fratello nove. «Ci ha abbandonati senza pensarci due volte: voleva la ricchezza, il lusso e non ha pensato a nient'altro. Veniva a prenderci due volte a settimana e ci portava nel quartiere "bene" dove viveva. Noi passavamo dalle stalle alle stelle. Vivevamo con un padre che man mano divenne alcolizzato e che veniva coinvolto in risse per strada e all'improvviso venivamo catapultati in un quartiere di persone ricche e ben educate. Il compagno di mia madre era l'opposto di mio padre. Quando eravamo con lei io e mio fratello aspettavamo solo il momento di tornare a casa. Ancora oggi non riesco a vederla come una madre, per me è prima di tutto una puttana.» Un giudizio durissimo che emerge da una ferita profonda. Tullio riconosce che «se due persone stanno male insieme è giusto che si lascino», non ammette però che sua madre non abbia fatto nulla per avere in affidamento lui e suo fratello.

Scheda 4
Sindromi da separazione genitoriale

Alcuni genitori separati cadono in depressione trascurando il benessere dei figli. Altri cercano di trasformarli, indipendentemente dall'età, in confidenti, alleati, terapeuti. Altri ancora cercano di staccarli dall'altro genitore per legarli a sé e/o dimostrare che essi sono il genitore preferito: quello che ha ragione, che "vince", l'unico che sappia fare il genitore. Quando si verificano queste condizioni, si possono instaurare vere e proprie sindromi.

Sindrome della madre malevola. Si riscontra in alcune madri affidatarie. Consiste in un'anomalia globale del comportamento, che comprende: la manipolazione psicologica dei figli utilizzati come arma contro il padre; la vessazione del partner

attraverso accuse gravi e infondate, come quelle di presunte violenze spesso a carattere sessuale; la disponibilità ad andare contro la legge o sfruttarne ogni piega pur di danneggiare il proprio ex. Queste donne sono determinate a punire l'ex marito tentando di alienare i figli da lui, coinvolgendo altre persone in azioni dolose contro lo stesso, intraprendendo un contenzioso legale eccessivo. Esse tentano di impedire in vari modi le regolari visite al padre, le conversazioni telefoniche e, in generale, la partecipazione dell'ex coniuge alla vita scolastica e alle attività del tempo libero dei figli. Per allontanare questi ultimi dal padre, le "madri malevole" possono usare l'arma della menzogna: per esempio, una donna che sta divorziando "rivela" alla sua bambina che il marito non è il suo vero padre, anche se in realtà lo è; un'altra può raccontare, mentendo, di essere stata a più riprese picchiata dal marito. E qualche volta i parenti collaborano: «La mia ex suocera per togliermi di mezzo mi ha fatto imbottire la macchina di cocaina» ha spiegato un uomo finito in prigione per dieci giorni.
La proibizione arbitraria di una madre a frequentare il padre separato può avere conseguenze negative sui bambini. Se non ci sono validi motivi, questo divieto è una prevaricazione nei confronti dei figli, oltre che dell'ex. Dal momento che ci si riferisce a soggetti in età evolutiva, la distorsione della realtà operata da un genitore allo scopo di influenzare i figli è destinata ad avere pesanti conseguenze nei rapporti familiari.

Sindrome di alienazione genitoriale. Si manifesta in una campagna denigratoria nei confronti dell'altro messa in atto con l'ausilio di alcune "tecniche" quali: negazione della sua esistenza (ci si comporta e si parla come se non esistesse); biasimo morale; ripetuti attacchi in forma indiretta, subito negati; attribuzione al figlio della posizione di giudice dei comportamenti scorretti dell'altro; ispezioni, interrogatori, inquisizioni dopo gli incontri o i soggiorni del figlio con l'ex; minaccia (in forma esplicita o implicita) di un calo dell'affetto nei confronti del figlio nel caso in cui questi dovesse avvicinarsi all'altro genitore o mostrare di trovarsi bene con lui/lei; tentativi continui di conquistarlo al proprio pensiero e giudizio; insistenza costante sul fatto di essere il genitore migliore; mistificazione del passato per creare in lui dubbi circa la storia del rapporto con l'altro genitore. Dopo essere stato sottoposto a questo "lavaggio del cervello" (da parte di uno dei due genitori ma, non di rado, anche dei parenti) i figli possono arrivare al rifiuto totale di un genitore, che può assumere anche la forma di un odio ossessivo.

L'esclusione di un genitore, la sua svalutazione e la continua messa in dubbio della lealtà del bambino (nei confronti del genitore che cerca di influenzarlo), alla lunga possono portare allo sviluppo di alcune psicopatologie (blocchi comunicativi, cefalea, insonnia, alopecia, asma, ansie persecutorie e depressive...). Quando un figlio è costretto a rinunciare a uno dei due genitori rinuncia anche all'attivazione dell'immagine interna corrispondente, sperimentando così una significativa perdita che influirà sullo sviluppo delle proprie risorse personali e sul senso di sicurezza.

Carenze

Quando la famiglia perde uno dei suoi componenti e tenta di assumere un nuovo assetto si può verificare una ridistribuzione dei ruoli e delle competenze: un riassetto che a volte è produttivo (come nel caso di Virginia a p. 80) ma che altre volte non lo è.

«Prima della separazione ero molto remissivo, andavo sempre a messa, ero obbediente e disciplinato. Poi sono diventato ribelle» spiega Bruno, i cui genitori si sono separati quando aveva otto anni. «Poiché mia madre era in crisi, mia sorella che allora aveva dodici anni prese il comando. Se fosse stato mio padre a dirmi "questo non lo devi fare" forse lo avrei accettato, ma da mia sorella e in seguito dai compagni di mia madre era veramente troppo. Ci sono stati anni in cui l'opposizione a mia sorella, a mia madre e al suo compagno di turno è stata molto forte, direi violenta. Mia sorella pretendeva di accudire me e mio fratello e scaricava la sua rabbia su di noi, ci picchiava, ci maltrattava, ci terrorizzava. Questo mi creava dei problemi che emergevano quando ero a scuola. Siccome a casa dovevo subire, a scuola avevo degli scatti di nervosismo incontrollato: erano stati di eccitazione in cui cominciavo a tremare, a piangere senza un motivo. Poi crescendo mi sono calmato. Non so se il fatto che bevo un po' troppo sia derivato da questo. Certamente il sistema si è un po' imballato con l'uscita di mio padre da casa, anche se la sua presenza era causa di forti tensioni. Mia sorella era sempre in paranoia. Mio fratello aveva due anni al momento della separazione ed è cresciuto con figure paterne diverse. Anche lui ha risentito di questo nucleo familiare "fluido". Per lui però non c'è stato un prima e un dopo. I rapporti tra lui e mio padre sono stati sempre labili, anche se mio padre gli ha voluto bene. Io invece ho perso il padre e insieme a lui anche la disciplina. Sono cresciuto con un'indipendenza che considero positiva, ma in realtà negativa perché priva di punti di riferimento. Mio padre era oppressivo, ma quando penso al deterioramento dei rapporti con mia sorella, con mia madre e alle angherie da parte dei compagni di mia madre, rimpiango la sua presenza. Il fatto di essere cresciuto senza punti di riferimento è al tempo stesso causa della mia debolezza e della mia forza. Per via della troppa indipendenza mi è venuto a mancare il senso di responsabilità. D'altra parte mi piace la mia indipendenza di pensiero. La mia infanzia, seppure turbata dallo spettro di mia sorella, è stata libera, forse fin troppo. Ma mio padre era molto confuso anche lui e molto coinvolto nelle sue vicende sentimentali. Per tutta l'adolescenza mi è mancato un adulto maschio cui poter fare riferimento. Per quanto riguarda mia madre, non ha mai avuto tempo da dedicarmi. So di avere avuto delle carenze educative e affettive. All'affettività non sono abituato e con le ragazze non ci so fare.» Con la separazione e il divorzio la figura paterna si è allontanata e affievolita fino a scomparire. Quella materna, dal canto suo, è sempre stata insufficiente. Non abituata all'affettuosità nell'infanzia, la madre era dura con i figli. «Da bambina la mettevano di notte a fare il pane da sola» spiega Bruno. «Si è sposata giovanissima passando da un padre padrone a un marito padrone. Lavorava molto già prima della separazione ma dopo non la si vedeva quasi più. Ha cercato di ricostruirsi la vita con un nuovo compagno ma non ci è riuscita: gli uomini si installavano in casa nostra per un po' e poi se ne andavano così come erano venuti. L'ho sempre vista indaffarata, preoccupata, affranta.»

È più che evidente che i genitori di Bruno, travolti dalle loro vicende esistenziali, non sono riusciti a seguire i figli. Bruno ha corso rischi seri durante l'adolescenza quando, alla ricerca di punti di riferimento, ha cominciato a frequentare la banda di balordi del quartiere: una condizione non rara tra gli adolescenti privi di una guida, in particolare di un padre oppure di qualcuno capace di farne le veci.

Il vizio di bere, a cui Bruno accenna, rivela il suo tentativo di soffocare nell'alcol le frustrazioni, la mancanza di attenzione e la rabbia. Casi del genere si verificano più facilmente nelle famiglie divise, ma anche in quelle unite quando i genitori sono assenti, trascuranti, impossibilitati o non intenzionati a svolgere il ruolo di guida, di maestri di vita.

Padre assente e aggressività repressa

Che conseguenze può avere sui figli maschi la mancanza di un adeguato *paternage*? È questa una domanda che ricorre spesso quando si parla di famiglie divise o di famiglie unite dove però il padre è, di fatto, assente e/o marginale alla famiglia.

I figli che, per un motivo o per l'altro, non hanno ricevuto un adeguato *paternage* (non necessariamente per opera del padre biologico, ma anche di un nonno, di un patrigno o della stessa madre che riesce anche a fare "da padre" al figlio maschio), spiegano gli psicologi e gli psicoanalisti (Biller, 1982; Corneau, 2003), si trovano spesso di fronte ai seguenti problemi: nell'adolescenza, possono essere confusi per quanto riguarda la propria identità sessuale, chiedersi quali siano i comportamenti e gli atteggiamenti da adottare nelle diverse situazioni e non sapersi dare una risposta per mancanza di un modello, di consigli e di sostegno nei momenti critici; possono reprimere la loro naturale aggressività e di conseguenza il loro bisogno di affermarsi, le ambizioni e la curiosità esplorativa: un aspetto, quest'ultimo, che emerge dal racconto di Dario. Possono anche andare incontro a problemi scolastici. Come ha spiegato Bruno, possono avere difficoltà a fare propri valori morali, ad assumersi responsabilità e a sviluppare il senso del dovere; l'assenza di limiti (dovuta a un ambiente caotico, a una madre troppo indulgente oppure, come nel caso di Bruno, alla ribellione del figlio a un ambiente fortemente punitivo) si manifesterà nella difficoltà sia di esercitare un'autorità che di rispettarla. A seguito di un carente supporto esterno negli anni formativi non è infrequente la mancanza di una struttura interiore o "spina dorsale", il che produrrà una certa mollezza, un'assenza di rigore e, in generale, alcune complicazioni nell'organizzazione della propria vita. Infine, è tutt'altro che rara una maggiore suscettibilità ai problemi psicologici: nei casi peggiori gli sbocchi potranno anche essere la delinquenza, la droga e l'alcolismo, mai disgiunti da una rivolta senza fine nei confronti della società patriarcale.

Al di là del tipo di famiglia (divisa e intatta), quando non ci sono figure maschili di riferimento (anche al di là del padre biologico) o quando queste figure vengono disprezzate o si comportano in modo tale da suscitare ripulsa, un ragazzo può imparare a disprezzare ciò che di maschile vi è in sé, e di conseguenza anche incontrare difficoltà nei rapporti con l'altro sesso.

Ad accentuare tali reazioni può contribuire un clima fortemente autoritario, oltre che caotico, come è accaduto nel caso di Bruno, oppresso dalla sorella e dai compagni della madre. Nel libro *Manhood* (1984), lo psicoanalista Stephen Shapiro sostiene che nella formazione tradizionale degli uomini l'importanza accordata alla disciplina, al controllo di sé, al coraggio e al patriottismo si collega alla violenza interiore che ogni individuo di sesso maschile porta segretamente dentro di sé, violenza che occorre imparare a controllare per utilizzarla al servizio della comunità.

Quando il clima è troppo autoritario o i genitori, come si verifica spesso nelle separazioni (ma non solo), non riescono a tollerare la collera di un bambino, l'espressione del suo dolore o della sua aggressività, il figlio può reprimere questo impulso. Ma poiché l'energia repressa dovrà trovare in un modo o nell'altro un canale di sfogo, potrà riemergere nelle forme seguenti:

L'aggressività si rivolge verso l'interno e diventa odio di sé. Ci si sente colpevoli, si hanno pensieri deprimenti, ci si abbandona senza riflettere a comportamenti compulsivi: troppo cibo, unghie rosicchiate, ci si ferisce o ci si lava continuamente.

L'aggressività rimossa trova un capro espiatorio. Si tratta spesso di una persona più debole, oppure di un gruppo sociale considerato "inferiore".

L'aggressività repressa si trasforma nel culto dell'oppressore. All'interno della famiglia (più spesso in quella unita ma può accadere anche in famiglie divise), il genitore tirannico può essere percepito come "meraviglioso" e la sua autorità come infallibile. "Papà ha sempre ragione!" Sul piano collettivo, questo culto porta a ritenere che il "capo" sia al di sopra di ogni critica.

L'aggressività è erotizzata. In questo caso l'aggressività va a legarsi a un'altra pulsione repressa, quella sessuale, ponendosi all'origine di un immaginario e/o di pratiche sadomasochiste. I sadici adotteranno nei confronti del partner il comportamento di chi li ha sottoposti ad angherie. Il masochista ripeterà invece il proprio comportamento di sottomissione, oppure assumerà il ruolo del genitore che si è piegato al dominio dell'altro.

In sostanza, la mancanza di una presenza maschile autorevole nel corso della crescita, così come la presenza di un padre tirannico, può lasciare tracce sulla personalità e gli stili di comportamento dei figli, anche se ovviamente è sempre possibile liberarsi da questi condizionamenti.

L'odio come droga

«Si odiavano tra loro molto di più di quanto non amassero noi» è il giudizio senza appello di una figlia. «Erano talmente inferociti che se mio padre fosse morto mia madre sarebbe andata a ballare sulla sua tomba» afferma un figlio. E un terzo: «Si odiavano e io ero il prodotto di quell'odio. A volte mia madre diceva frasi sprezzanti del tipo "Mio Dio, sembri tuo padre!" o "Sei una frana, ti comporti esattamente come lui!". Man mano mi sono abituato, ma non è piacevole sentire frasi del genere».

Una delle raccomandazioni che si fanno alle coppie che si detestano è di non demolire, agli occhi dei figli, l'immagine dell'altro e la storia familiare pregressa. Un figlio ha bisogno di pensare che c'è stato qualcosa di buono, un tempo, nel matrimonio dei suoi genitori – per esempio la sua venuta al mondo – e che, se papà e mamma hanno deciso di mettersi insieme è perché c'è stato un momento in cui si amavano, si stimavano ed erano attratti l'uno dall'altra. A un bambino non piace sentirsi dire che i *suoi* genitori sono persone indegne, sia perché si identifica con loro e sia perché la sua identità individuale non ha ancora raggiunto un livello di autonomia tale da poter essere disgiunta da quella familiare. Con la crescita, l'identità individuale prenderà corpo e quella mutuata dalla famiglia avrà un peso minore; ma fino a quando il senso di sicurezza e l'autostima dipendono dai genitori e/o dagli altri parenti, l'identità familiare è una dimensione importante per la costruzione della personalità, una sorta di carta di identità con cui ci si presenta al mondo. Una conflittualità permanente tra i genitori può rendere fragile l'identità familiare di un bambino che si vergogna di loro.

Nei cattivi divorzi si trovano spesso genitori dipendenti dalla conflittualità quanto un tossicodipendente dalla droga (Thayer e Zimmerman, 2001): gli ex sono legati da un odio appassionato e inestinguibile. C'è chi continua le ostilità durante tutto il periodo della separazione e chi le porta avanti anche dopo la sentenza di divorzio. L'odio, in questi casi, diventa una ragione di vita. Un litigio può nascere per il più futile dei motivi. «Pur di vincere mia madre si era inventata una serie di bugie su mio padre, sui torti che le aveva fatto e su come ci trattava quando andavamo da lui. Mi ricorderò sempre l'espressione di trionfo con cui lo fulminò, quando in tribunale il giudice le dette ragione. Il suo obiettivo non era il mio benessere, come diceva, ma il desiderio di umiliare mio padre» (Grazia). Un film di Danny De Vito del 1989, *La guerra dei Roses*, con Michael Douglas e Kathleen Turner, rende molto bene il piacere che possono provare le persone conflitto-dipendenti quando sono dominate dal bisogno di vincere *più* dell'altro.

«Il divorzio dei miei è stato come *La guerra dei Roses*» spiega Piera, ventisei anni. «La separazione è avvenuta tra continui litigi. Non sono arrivati proprio alle mani ma si minacciavano e si scambiavano insulti da camionista. Si dicevano cose terribili e facevano cattiverie di ogni tipo. Non è stata una bella esperienza per noi figli assistere ai loro litigi, anche se ormai eravamo grandi. Di fronte a cose del genere non capisci più niente, ti chiedi come è possibile che si comportino in quel modo due persone che hanno vissuto insieme trent'anni. Questo ha influenzato il mio modo di vedere i rapporti coniugali.»

«Non si sono lasciati di comune accordo, quindi automaticamente hanno ripreso a litigare subito dopo la separazione. Hanno litigato in modo pesante e ancora adesso a distanza di molti anni continuano a farlo» spiega Giacomo, che aveva otto anni allora e adesso ne ha ventisei. «Avrebbero dovuto continuare a comunicare tra loro per non danneggiare i figli, ma non riuscivano a parlarsi senza litigare e noi abbiamo sempre dovuto intervenire come intermediari. Loro non riescono a comunicare per telefono nemmeno per un minuto perché subito si attaccano. E guai se parli all'uno dell'altra o viceversa perché questo gli ricorda qualcosa che li mette in collera e vogliono farti capire di avere ragione su quella questione o su quell'altra... Vivendo con mia madre io ho sposato un po' la sua causa (anche se so che non sempre ha ragione) e mi sono allontanato da mio padre; questo mi è dispiaciuto e alla fine sono sempre io a cercare di fare il primo passo verso di lui.» Quando i rapporti sono così tesi le vacanze e le ricorrenze possono trasformarsi in veri e propri incubi.«Un anno ho fatto un grosso errore,» spiega ancora Giacomo «avevo dodici anni, decisi di dare una festa per il mio compleanno e di invitarli tutti e due: è stato l'errore più grande della mia vita!»

Il divorzio emotivo, lo abbiamo detto, non coincide con quello legale. Il legame non scompare a comando e può continuare a unire i due ex, sia pure sotto forma di scontri, critiche, maldicenze. Tanto più forte è stato il legame tanto più difficile è ora staccarsi, accettare di non essere più amati come prima (o come si era immaginato di essere amati). Non si riesce a perdonare in alcun modo l'altro perché su di lui si è investito moltissimo a suo tempo, a lui si è dedicata una parte della propria vita (e dei propri sogni), ci si è donati interamente riponendo in lui la propria fiducia (a volte una fiducia eccessiva che rispondeva più al bisogno di sentirsi al sicuro e al centro di un amore "totale" che alla reale disponibilità dell'altro). Ci può essere una perdita di identità che il conflitto paradossalmente resistuisce in quanto consente di affermarsi per opposizione. Qualunque sia la ragione all'origine del tormento sentimentale dei propri genitori, i figli si trovano in mezzo a situazioni che sfuggono al loro controllo e a volte alla loro comprensione. Sono intrappolati in conflitti di lealtà: non possono mostrare di voler bene all'uno o all'altra, temono di tradire la fiducia di uno dei due e capiscono di non poter parlare liberamente di ciò che fanno quando sono con l'altro e viceversa. Possono essere strumentalizzati come messaggeri di informazioni e, contro la loro volontà, recapitare messaggi avvelenati che esasperano il conflitto e riattizzano la lotta.

Se i due antagonisti non riescono a uscire dalla spirale del conflitto, un figlio impara che gli scontri non finiscono mai, che le ferite non si rimarginano e che la decisione di cambiare non comporta una nuova vita e rapporti più sereni. Se negli anni continua ad assistere alle liti di papà e mamma rischia di: a) sviluppare una scarsa fiducia nella possibilità di riuscire a costruire una relazione basata sulla comprensione e la collaborazione; b) non avere l'opportunità di apprendere quelle abilità che consentono di pensare a soluzioni alternative, rinunciare a qualcosa per trovare un accordo senza per questo sentirsi perdenti; c) crescere incapace di tollerare il dissenso, i difetti altrui, di riconoscere i propri errori o limiti e quindi di migliorarsi.

Fortunatamente i genitori non sono gli unici adulti e nei periodi di crisi molti figli trovano in altre persone sostegno morale e modelli cui ispirarsi.

Genitori distrutti e figli trasparenti

«Nei primi tempi dopo la separazione ho dovuto affrontare tanti di quei problemi che ho messo in campo tutte le mie energie» spiega una donna di cinquant'anni. «Ho trovato un lavoro, ho fatto quadrare il bilancio, mi sono occupata dei figli. Tutto questo ha finito per schiacciarmi e ho subìto un tracollo nervoso. Mi pesava molto il giudizio impietoso dei miei familiari, quella disapprovazione che non esprimevano ma che sentivo chiaramente. Ho persino pensato di affidare temporaneamente i figli a un'altra famiglia perché mi sentivo incapace di crescerli. Ero depressa. Soffrivo di solitudine. Poi ho deciso di curarmi e man mano mi sono ripresa.»

Il tracollo che a volte fa seguito a una separazione può ovviamente avere delle conseguenze sui figli. Un genitore che viva una intensa crisi esistenziale ha difficoltà a entrare in contatto con i bisogni profondi dei figli, con le loro paure, i loro sogni, stenta a capire di che cosa hanno necessità in un determinato momento e non riesce a provvedervi. È più facile che si accorga delle loro esigenze materiali piuttosto che di quelle psicologiche, anche perché la loro sofferenza aumenta il suo disagio. Ecco perché è bene non lasciare passare troppo tempo prima di cercare un sostegno psicologico. Se un contraccolpo iniziale è fisiologico, diverso è invece un dissesto psicologico che dura nel tempo. Il mondo in cui viviamo è complesso, può capitare a tutti di affrontare una crisi e rivolgersi a uno psicoterapeuta non implica certo avere un grave disturbo mentale.

Un genitore sfiduciato vede soltanto il lato negativo della vita, enfatizza le difficoltà e trasmette pessimismo. Alcuni figli riescono ad attraversare i periodi difficili senza danni e a trovare quella serenità di cui hanno bisogno. «Avevo imparato a isolarmi con la musica e i libri, così sono riuscito a superare il periodo più duro e se devo essere sincero non ne ho sofferto» spiega un figlio che all'epoca aveva dodici anni. «Mia madre non stava molto bene in quel periodo ed ero io a tenerle compagnia. La sua tristezza però non mi ha contagiato perché avevo molti amici e tanti interessi» spiega un altro. «Ho trovato comprensione in una vicina di casa che in quegli anni è diventata una seconda mamma, sia per me che per mia madre e i miei fratelli» spiega una giovane che all'epoca aveva otto anni.

Altri invece vengono a poco a poco catturati dal clima che regna tra le mura domestiche e si sentono indotti a non esporsi, a proteggersi da possibili esperienze lesive. «Dopo la separazione mia madre è caduta in depressione, aveva bisogno di me e io sono rimasto con lei» spiega Eugenio a quarant'anni. «Oggi vivo da solo. Ho avuto qualche storia ma niente di serio. Non voglio impegnarmi. Alla famiglia non penso minimamente.»

Non soltanto l'atmosfera che si respira in casa ma anche l'attenzione che i genitori concedono o non concedono ai figli può avere un impatto sul loro stile di vita, sulla loro immagine di sé e anche sul rapporto che intrattengono con se stessi, come nel caso di Agnese.

Sorella minore di tre, Agnese è cresciuta in una famiglia in cui la madre era casalinga. L'atmosfera domestica era caotica e contrassegnata da frequenti litigi tra i genitori. Il fratello maggiore lasciò la casa quando Agnese aveva dodici anni. Il fratello di mezzo frequentava invece il liceo e giocava a pallone, cosa che piaceva molto al padre che non si perdeva una partita. Agnese amava la lettura ma nessun altro in casa leggeva. Malgrado andasse bene a scuola e si comportasse bene a casa, i genitori sembravano ignorarla: non davano alcun peso ai suoi successi scolastici, a come si vestiva, alle persone che frequentava. Erano troppo impegnati a litigare. Alla fine divorziarono in modo traumatico, spendendo la maggior parte dei loro risparmi in spese legali e raccontando spesso ai figli come l'"altro" si fosse comportato malamente. Quando all'età di vent'anni andò in terapia, Agnese si descrisse come "trasparente", in quanto riteneva che nessuno avesse mai nutrito un qualche interesse per lei e non riusciva a capire perché l'avessero messa al mondo. «Forse sono stata il loro tentativo fallito di rabberciare il matrimonio.»

Attenzione al falso Sé

Quando i genitori in crisi richiedono ai figli (esplicitamente o implicitamente, direttamente o indirettamente) di adattarsi ai loro bisogni ma non riconoscono quelli dei figli, il rischio è che questi ultimi sviluppino una personalità "come se", basata sull'interpretazione di un ruolo posticcio, ossia un Sé non autentico. Ciò ovviamente può accadere in ogni tipo di famiglia, non solo in quelle divise.

Un figlio può adattarsi ai bisogni dei genitori, può sostenerli, consolarli, sostituirli per brevi periodi e a volte anche proteggerli: ciò non deve però comportare la repressione della sua naturale spontaneità allo scopo di non "disturbare", di non creare ulteriori problemi in casa. Quando ciò si verifica, può infatti sviluppare un atteggiamento in cui si limita ad apparire come ci si aspetta che debba essere, identificandosi totalmente con i sentimenti che mostra, anche se quelli che prova in realtà sono di altra natura. Per compiacere gli adulti che lo vogliono diverso da com'è (ad esempio meno addolorato di quanto non sia), il bambino reprime e nega i suoi stati d'animo cosicché il suo Sé autentico, non potendo trovare espressione, resta sconosciuto sia agli altri che a lui.

I bambini più sensibili e più vicini ai loro genitori nei momenti critici sono quelli che entrano più facilmente in risonanza con le aspettative di questi ultimi e che si adeguano alle loro richieste. Ma l'individuo che è vissuto per anni recitando la parte che altri volevano recitasse potrà avere in seguito la sensazione di un vuoto, di un impoverimento della propria identità. Potrà anche avere difficoltà a mostrare i propri sentimenti, a riconoscerli, a comportarsi in maniera libera e spontanea.

Dalla difficoltà di vivere e manifestare i propri sentimenti autentici deriva, spiega la psicoanalista Alice Miller, la *permanenza del legame* nei confronti dei genitori, che non consente una reciproca delimitazione. «I genitori infatti hanno trovato nel falso Sé del bambino la conferma che cercavano, un sostituto della sicurezza che a loro mancava, e il bambino, che non ha potuto costruirsi la propria sicurezza, dipenderà dapprima consciamente e in seguito in modo inconscio dai genitori. Non potendo abbandonarsi a sentimenti propri e non avendone fatto esperienza, egli non conosce i suoi veri bisogni ed è al massimo grado alienato da se stesso. In tale situazione non può separarsi dai genitori, e anche da adulto dipenderà perennemente dalla conferma delle persone che rappresentano i "genitori", come il partner, il gruppo e soprattutto i suoi figli.» (1996, pp. 21-22)

Un bambino può essere di conforto ai genitori, può capire i loro problemi e farsi in quattro per aiutarli; non bisogna però chiedergli troppo e soprattutto costringerlo a reprimere i propri sentimenti (collera, rabbia, gelosia, paura, dolore). Il bambino che per non turbare il genitore e continuare a godere del suo amore e della sua protezione "uccide" la propria collera, nega la propria paura o sopprime il proprio dolore, annulla anche una parte del proprio animo.

5

LE INSIDIE DEL POSTDIVORZIO

C'erano molti problemi economici, però la sera c'era molta più serenità e riuscivo a vedere anche mia madre sorridere.

VIRGINIA, DICIANNOVE ANNI

Judith Wallerstein, ricercatrice nota a livello internazionale e responsabile in California del Center for the Family in Transition, ha pubblicato un rapporto sull'osservazione, durata venticinque anni, di centotrentuno figli di coppie divorziate. Sulla base della sua esperienza, questa studiosa afferma che i genitori non sempre riescono a valutare gli effetti che il loro divorzio ha avuto sui figli, sia perché tendono a sottovalutare i sentimenti dei bambini, sia perché hanno bisogno di pensare che essi non soffrano per causa loro, sia infine perché ritengono che i bambini reagiscano agli stress come gli adulti. Ma se per alcuni di loro il divorzio è una crisi passeggera che raggiunge la sua acme nel momento in cui avviene la divisione, per altri invece il clima di tensione dura anni. Una tensione cronica nella fase dell'infanzia e dell'adolescenza determina un sovraccarico emotivo che altera l'equilibrio ormonale producendo conseguenze sia di ordine fisico che psicologico. Assuefarsi agli stress è più difficile per un bambino che per un adulto. Enuresi, incubi notturni, irascibilità, tic, emicrania, difficoltà di concentrarsi, scarso rendimento scolastico, regressione a comportamenti infantili o immaturi sono sintomi frequenti soprattutto nei primi tempi.

Scheda 5
Quanto tempo per abituarti?

Alla domanda "Quanto tempo ci hai messo per abituarti all'idea del divorzio?" i nostri intervistati hanno fornito le seguenti risposte:

Poco tempo	33 per cento (in questo gruppo sono compresi anche coloro che al momento della separazione avevano tra 2 e 5 anni)
Tra uno e due anni	28 per cento
Molti anni	25 per cento
Non mi sono mai abituato	6 per cento

Accettare la realtà della separazione è un primo passo verso il superamento dello shock. Per alcuni la cicatrizzazione della ferita è rapida, altri hanno bisogno di tempo.

Ostilità senza fine

Nel capitolo precedente abbiamo visto come il litigio possa essere un modo malato con cui mantenere un legame. Si litiga per la divisione del mobilio e dei beni. Si litiga per gli alimenti, per le visite, per le vacanze, per la scelta del pediatra e del dentista. Si litiga per la scuola e gli amici dei figli. Si litiga per gli accompagnamenti, gli orari e gli acquisti. Si litiga a causa dei nuovi compagni degli ex. Si litiga in prima persona, al telefono, attraverso gli avvocati e attraverso i figli.

Dietro ai litigi ci sono motivi palesi e nascosti. Il motivo più evidente e concreto di tutti è quello economico. «Ancora adesso, dopo anni, il denaro è al centro dei loro scontri» spiega Dario. «Mia madre guadagna poco, mio padre è molto tirato e noi siamo sempre senza soldi.» Grazia, che al momento della separazione aveva otto anni e al momento del divorzio quattordici, racconta: «Mio padre dava pochissimi soldi a mia madre e questo creava a tutti quanti dei problemi. I litigi sul denaro che non arrivava sono continuati a lungo». Gli scontri per motivi economici possono riprendere anche dopo anni, quando ormai tutto sembra risolto, se, per esempio, uno dei due valuta che le spese per i figli siano aumentate e l'assegno sia insufficiente, oppure l'altro vive una condizione di maggiore benessere rispetto a prima.

Combustibile delle ostilità sono le emozioni. La rabbia, il sentirsi traditi, la sfiducia, l'incomprensione, la paura, la tristezza, la vendetta sono il carburante che tiene viva la lotta e riattizza i litigi. L'idea che l'altro potrebbe "vincere" è intollerabile per alcuni anche se a perdere sono i figli. «Prima abitavo con mamma» spiega ancora Grazia «poi siccome papà non ci dava abbastanza soldi mamma ha dovuto andare a lavorare e io e le mie sorelle siamo andate a vivere con mio padre. Per lui è stata una grande rivincita. Anche se gli volevo bene io non volevo tornare sotto la sua tutela, inoltre mi sembrava un'ingiustizia lasciare la mamma: noi ricche e lei povera, noi tutti insieme e lei sola. Io protestai e mio padre mi disse che dovevo maturare e smetterla di fare la bambolina come mia madre. Reagii diventando molto aggressiva e dispettosa: in quel periodo incominciai anche a rubare da qualsiasi borsa mi venisse a tiro.»

Le ostilità che continuano negli anni indicano una difficoltà a recidere del tutto il legame, l'incapacità di accettare che qualcosa possa finire. Essere detestati è preferibile all'essere ignorati. Questo stato di cose ha termine quando si realizza il divorzio emotivo, il "lutto" viene elaborato e la relazione si raffredda. Ciò spiega perché possano mantenere più facilmente un rapporto basato sul reciproco rispetto quegli ex che hanno perso interesse l'uno per l'altra da tempo e/o non sono legati a una immagine idealizzata della propria storia. Spesso infatti, più che la perdita del partner, ciò che addolora è la perdita del proprio progetto di vita, del proprio sogno.

Mariella, venticinque anni, ne aveva dodici quando i suoi genitori si sono lasciati e ha un ricordo negativo del postdivorzio: «Il divorzio o la separazione non sono deleteri in sé, ciò che conta è la modalità con cui i tuoi genitori si separano. I miei non hanno saputo affrontare la situazione. Ci sono stati brutti episodi. Hanno continuato a litigare tra loro e anche con me per anni e anni, mettendomi in mezzo in tante occasioni. Questo modo di fare influenza la vita dei figli, non soltanto quella presente ma anche quella futura. Io, per esempio, non ho fiducia nei rapporti affettivi uomo-donna, ho paura di mettere al mondo dei bambini, temo il tradimento, non mi sento in grado di assumermi delle responsabilità nei confronti degli altri. Non credo che queste fragilità dipendano soltanto da me, come qualcuno mi dice, ma dai lunghi anni trascorsi in mezzo agli scontri. Per molto tempo mi sono sentita tradita e vittima».

Opposta a quella di Mariella è la vicenda di Michela. «Siamo state fortunate io e mia sorella perché rispetto ad altri figli di divorziati noi potevamo avere i nostri genitori nella stessa stanza senza che si urlassero contro cattiverie, anzi loro riuscivano e tutt'ora riescono anche a ridere insieme e questo mi ha aiutata a vivere la cosa con maggiore serenità. Potevamo vedere mio padre quando volevamo, con il consenso di mamma. Certo, per molto tempo mia mamma non ha voluto farlo salire a casa, ma poi è capitato spesso di cenare insieme... quasi come se non fosse accaduto nulla! Mio padre, da separato, è stato un papà migliore: prima si appoggiava a mamma e lasciava che fosse lei a occuparsi di noi, poi trovandosi solo è diventato più premuroso; ha cercato di essere presente in tutte le occasioni importanti, insomma è stato un vero papà.»

Anche per Vittorio è stato così: «Il fatto di avere avuto un ambiente tranquillo in casa, il non sentirli più litigare, mi ha dato forza e ottimismo. In realtà, da quando si sono separati, ho ricevuto più affetto da entrambi. Ho un amico che a seguito della separazione dei suoi ha incominciato a drogarsi per non pensare. Non voglio certo giudicarlo, ma prima di arrivare a reazioni del genere bisogna provare qualcos'altro: se con i genitori non funziona ci sono gli amici, ci sono molti interessi che si possono coltivare e se loro ti stressano vai in palestra, vai a correre, cerca di rilassarti».

Sovraccarico emotivo

Quando qualcosa ci minaccia, gli ormoni della corteccia surrenale e altri ormoni contribuiscono a modulare la produzione di energia e a mettere in allerta il corpo e la mente. Senza questi ormoni, di cui il cortisolo è una spia, non riusciremmo a far fronte alle difficoltà quotidiane; ma le stesse modifiche fisiologiche che sono utili nelle emergenze possono creare problemi fisici e psicologici quando si protraggono nel tempo, come accade nel caso di stress ripetuti o costanti e di stati d'ansia generalizzati.

Attraverso una serie di studi basati sulla misurazione dell'aumento dei livelli di cortisolo nella saliva, si è riscontrato che gli stress maggiori e più insidiosi nell'infanzia sono quelli connessi alle dinamiche emotive con gli adulti: un violento bisticcio tra i genitori, una nonna che picchia il nipotino, un genitore che si allontana per alcuni mesi da casa o la abbandona definitivamente sono forti motivi di stress. (Small, 2001).

Una delle scoperte più interessanti di queste ricerche è il fatto che i bambini continuano a reagire con lo stesso livello di tensione a situazioni stressanti già sperimentate. Al contrario degli adulti, che tendono ad assuefarsi psicologicamente agli stress ripetuti, i bambini reagiscono ogni volta come se fosse la prima. Queste reazioni hanno una loro logica evolutiva: lo sviluppo in età infantile dipende dalle cure, dalle attenzioni e dalla guida degli adulti ed è naturale che per assicurarsi un sostegno i più giovani debbano essere sensibili al comportamento degli adulti, il che li rende particolarmente suscettibili alle tensioni familiari e all'eventuale abbandono da parte delle loro figure di attaccamento. Non possiamo quindi valutare gli effetti degli stress sui bambini utilizzando lo stesso metro che usiamo per gli adulti.

Questi dati ci dicono anche che fin quando muoversi tra la casa di mamma e quella di papà non diventa una routine consolidata, i bambini possono rivivere l'angoscia della separazione ogni volta che devono lasciare un genitore e andare con l'altro e viceversa. Ecco un motivo in più per rendere il passaggio alla famiglia divisa il più dolce possibile, evitando forti scosse.

Genitori ripudiati

Una delle trappole più insidiose del postdivorzio è il ripudio del genitore. Il ripudio è qualcosa di più della semplice preferenza del figlio per l'altro genitore o di un temporaneo schierarsi al suo fianco: esso produce incomprensioni, ostilità, rimorsi, rimpianti, a volte fratture irreversibili.

Il genitore ripudiato fornisce di norma un'interpretazione unilaterale al proprio essere rifiutato, imputandolo al lavaggio del cervello operato sui figli dall'ex coniuge. Il fenomeno in realtà è più complesso e può avere cause diverse. A volte può effettivamente verificarsi questo tipo di influenza, più o meno subdola, dell'altro genitore; altre volte, invece, la reazione di rigetto è legata ad altri fattori, comportamenti e convinzioni.

«Mi chiamava in continuazione, cercava di stare con me, ma io non volevo vederlo. La sua presenza mi dava fastidio» spiega Lea, quindici anni alla separazione. «Guai se cercava di toccarmi o di dirmi cosa dovevo fare. Quando lo vedevo lo attaccavo. Avrei voluto avere una sorella o un fratello con cui condividere quei momenti. Solo chi vive la stessa situazione può capirti. Lui cercava di mantenere dei buoni rapporti e mia madre non faceva nulla per contrastarlo, ma più lui si avvicinava più io mi allontanavo. Per me era lui il colpevole della separazione. Era lui che aveva tradito la sua famiglia. Solo dopo anni ho capito che un po' di colpa l'aveva avuta anche mia madre.»

Per Gilberto il rifiuto nasce da un episodio in cui si è sentito ingannato e trattato come un oggetto più che come una persona. «Avevo all'incirca sei anni. Mi dissero che dovevo andare dal dottore per un controllo. Io ero terrorizzato, invece mia madre era contenta. Entriamo nello studio. Lei e il dottore si abbracciano e lui la bacia sulla bocca. Ero pieno di rabbia e avrei voluto urlare. Poi vidi una fotografia di quest'uomo con una donna e due bambine e gli chiesi chi fossero ma lui non mi rispose, tant'è che mi vergognai di avergli fatto quella domanda. La cosa finì così, ma con gli anni ho elaborato tutto quello che ricordavo su questo e altri episodi e capii che tanto mia madre che il dottore tradivano i loro compagni, anzi i loro figli!»

Il ripudio può anche manifestarsi in forme drammatiche come nei due casi seguenti.

«La fase successiva alla separazione è stata qualcosa di indescrivibile» racconta Giuliana. «Il telefono squillava fino alle quattro di notte. Mio padre veniva a citofonare sotto casa alle cinque della mattina. I condomini si lamentavano. Minacciava di uccidersi e ci inseguiva con la macchina. Noi chiamavamo i carabinieri che arrivavano e lo allontanavano, ma dopo breve tempo lui tornava all'attacco. C'è stata una scena terribile in cui io l'ho preso a calci e l'ho cacciato fuori di casa. Quel giorno aveva picchiato la mamma e io ho reagito a quel modo... Piansi molto per ciò che avevo fatto.»

«Avevo paura di lui,» spiega Francesco «cercava continuamente di vedere mia madre per rimettersi insieme anche se lui aveva avuto molte storie durante il matrimonio. Parlava male di mia madre e di Pino, il compagno di mia madre, che invece è una brava persona. Una volta irruppe in casa. C'eravamo tutti: io, Pino, mia madre e mio fratello.

Lui era nervosissimo e alzando la voce accusò Pino di avergli rubato non solo la donna ma anche la famiglia. Voleva che tornassimo a vivere insieme. Ricordo che mia madre e Pino cercarono di farlo ragionare ma lui passò alle mani. Da quella volta i nostri incontri diventarono sempre più sporadici e oggi sono inesistenti.»

Dietro al ripudio c'è in genere un groviglio di emozioni: risentimento nei confronti di un genitore che delude, rimpianto per una vita possibile ma non vissuta, rimorsi, affetto inespresso. Queste dinamiche sono più frequenti nelle famiglie divise, sebbene se le si possa ritrovare anche nelle famiglie unite. Sono generalmente le ricorrenze, le festività, ma anche le malattie e la morte i momenti in cui si avvertono più acutamente le conseguenze del ripudio.

«Lui veniva ai miei compleanni, ma nessuno se lo filava» spiega Gianna. «Io mi ero schierata con la mamma e facevo finta di non vederlo. Crescendo, ho saputo come erano andate veramente le cose e che lui non era più colpevole della mamma. Ma ormai era difficile recuperare il rapporto e quando è morto ho sofferto moltissimo perché non sono mai riuscita a dirgli che l'avevo perdonato.»

Un amore soffocante

Il ripudio di un genitore va a volte di pari passo con l'esigenza di proteggere l'altro, la "vittima", ossia chi soffre di più o ha subìto i danni maggiori. Aiutare un genitore che sta male è una reazione sana e naturale, rivela altruismo e sensibilità. Assistere alla sua sofferenza significa per un figlio soffrire a sua volta e prestargli attenzioni e sostegno consente a entrambi di trovare la forza per andare avanti, soprattutto nella prima fase, quando si ha l'impressione di avere perso l'orientamento; bisogna però evitare che nel tempo si invertano completamente i ruoli e il figlio – o la figlia – diventi genitore oppure compagno inseparabile del proprio genitore, perché questo tipo di relazione potrebbe rendere difficoltosa una separazione in età adulta. Il legame esclusivo, troppo esigente, finisce per trasformarsi in un peso eccessivo come nel caso di Mimmo, oggi trentunenne, che si ritrovò a vivere solo con sua madre all'età di dodici anni.

«È stata mamma a cacciare papà dopo che lo sorprese ad amoreggiare con una collega di lavoro. Ne soffrì molto. Era sempre giù di morale. Era depressa. Si sentiva sola e in me trovò l'unico conforto. Ovviamente l'amore di una mamma non è messo in discussione, è un amore che è presente da prima della nascita e continua per tutta la vita: però quando si perde il senso della misura può diventare soffocante. Ed è quello che è avvenuto a me. Nei suoi confronti mi sentivo in colpa perché era stata tradita da papà e perché la vedevo triste, ma a lungo andare lei concentrò tutte le attenzioni su di me, divenne gelosa delle mie amiche, faceva mille domande su di loro, non consentiva che entrassero in casa e diceva tutta una serie di altre cose che mi facevano arrabbiare. Sono stato costretto ad allontanarmi da lei, per una necessità naturale, per riacquistare la mia indipendenza. Purtroppo questo ci portò ad avere degli scontri e io fui costretto ad andarmene di casa. Decisi di andare da mio padre, anche se non era proprio quello che avrei desiderato perché anche con lui il rapporto non era idilliaco, però non avevo scelta, dovevo assolutamente andarmene. L'atmosfera era diventata tossica. Se da una parte c'era un padre che ogni tanto dimenticava di esserlo, dall'altra c'era una madre che era diventata morbosa nei miei confronti e diffidente verso tutti. La mia è stata una decisione felice: non avendo più me ha trovato un bravo compagno e ora i nostri rapporti sono ripresi ma in tutt'altro modo.»

Intuendo il pericolo che stava correndo, Mimmo è riuscito a ristabilire una distanza di sicurezza tra sé e la madre, che si era aggrappata a lui con tutte le sue forze.

Visite e traslochi

Tutti i figli desiderano che i genitori siano sereni e allegri e, quando le condizioni sono critiche, molti di loro si impegnano per migliorarne l'umore, per non farli arrabbiare e accontentarli. Ciò però non significa che se i genitori sono più contenti anche i figli saranno automaticamente più felici: questa è un'eventualità che si verifica in alcuni casi, ma non in tutti. I traslochi, i nuovi partner, la formazione di una seconda famiglia sono eventi che possono essere vissuti con entusiasmo dagli adulti che hanno la consapevolezza di dare una svolta alla propria vita, non però dai bambini che hanno bisogno di tempo per assimilare i cambiamenti e non sempre condividono le scelte dei grandi.

Non è piacevole lasciare la casa in cui si è vissuti, cambiare scuola e amici. C'è chi riesce ad assorbire questi mutamenti in un tempo relativamente breve, e chi non ci riesce. Qualcuno trova piacevole muoversi tra due abitazioni, altri invece hanno bisogno di tempo prima di sentire propria anche la seconda casa. «C'è voluto del tempo per ambientarmi. Andando da papà dovevo lasciare le mie amiche e mi annoiavo. Non era più una cosa spontanea come prima. Sembrava quasi che io fossi la sua badante. Poi siccome lui ha il computer ho cominciato a chattare e la cosa è migliorata. Mi ha anche insegnato a usarlo per altri scopi e così abbiamo trovato un modo per passare il tempo» (Cristina).

Alternarsi tra una casa e l'altra può essere uno stimolo per maturare, fare esperienze, scoprire una nuova dimensione di sé e degli altri. La situazione si fa critica, invece, quando traslocare significa peggiorare la propria condizione socio-economica come nel caso di Barbara. «Mio padre andò a vivere da sua sorella. Io, la mamma e mio fratello cambiammo casa e andammo a vivere in un monolocale nello stesso paese perché mamma non ce la faceva con le spese. Convivere in tre più un cane in un'unica stanza è stato orribile per noi che eravamo abituati ad avere ognuno la propria camera. Certo, è stata anche un'esperienza formativa nel senso che in una situazione come questa capisci che non tutto ti è dovuto in questo mondo e che le cose devi anche conquistartele. Quella convivenza però ci ha portato a litigare in continuazione e l'unico modo per evitare i litigi era stare fuori casa il più possibile. Per un certo periodo ho trascorso interi pomeriggi in biblioteca, il che mi ha fatto anche bene perché ho letto molto. Il problema si è risolto quando sono andata a vivere da sola.»

Conflitti di lealtà

La vita tra due genitori che continuano a farsi la guerra su questioni di fondo o che, pur avendo trovato un accordo su aspetti concreti (denaro, casa, divisione beni, visite, vacanze, scelta della scuola eccetera), continuano a portare avanti una guerriglia sotterranea – fatta di battute, malumori, gelosie, osservazioni sgradevoli – rappresenta un terreno fertile per le strumentalizzazioni e l'insorgenza di conflitti di lealtà. I figli si trovano di fronte a richieste, dilemmi, segreti, scelte di campo che possono porli in una condizione di incertezza e blocco delle decisioni, oppure portarli a schierarsi con l'uno o con l'altra nel tentativo di uscire dal vicolo cieco in cui sono finiti.

Se un genitore chiede di non rivelare un "segreto" (per esempio, che ha un nuovo partner) il figlio deve risolvere un dilemma: se mantiene il segreto è leale con il genitore; ma cosa fare se l'altro lo interroga e vuole sapere? Nei confronti di chi deve essere leale? Poiché in una situazione del genere si può essere leali soltanto con un genitore alla volta, il figlio deve mentire a uno dei due e si sentirà colpevole perché gli nasconde la verità. Se poi sceglie di spiegare al genitore numero due che è legato a un segreto, tale ammissione potrà avere effetti imprevedibili e indurre quest'ultimo a cercare di scoprirlo, magari attraverso altre persone o affrontando direttamente l'ex partner. Il figlio è perdente in ogni caso. In più si trova al centro di tensioni e problemi che non spetterebbe a lui fronteggiare. Nel tempo, così, potrà anche imparare l'arte del ricatto: quando si renderà conto di poter tenere sulla corda un genitore e di poter assicurarsi dei favori in cambio di rivelazioni, capirà di disporre di un nuovo potere.

Il bisogno di mantenere un rapporto di lealtà, il desiderio di compiacere entrambi i genitori per non peggiorare una situazione precaria, può manifestarsi in molti modi diversi, per esempio: non mostrando all'uno di essersi divertito in compagnia dell'altro, evitando di raccontare episodi che potrebbero irritare, cercando di non manifestare preferenze.

«La cosa più difficile per me è sempre stata fare attenzione a non preferire mia madre a mio padre e viceversa, dato che loro non si piacevano più» spiega Rita, che al momento della separazione aveva tredici anni. «Per esempio, ancor oggi, durante le feste natalizie, per non ferire nessuno devo passare la vigilia di Natale a X poi prendere il treno la mattina del 26 per tornare a Y dove festeggio Santo Stefano a casa di mio zio, il fratello di mia madre. Più di una volta ho avuto il magone a viaggiare da sola in treno durante le feste. Naturalmente ci sono anche dei vantaggi: doppi presepi, doppi regali, doppi festeggiamenti.»

«Quando tornavo a casa dopo un week-end con papà, mamma mi chiedeva se mi ero divertito. Io rispondevo sempre "così-così" anche se in realtà mi ero trovato benissimo, ma non volevo che mamma si offendesse» (Gilberto).

«Quando papà mi disse che in estate sarei andata a fare un viaggio in Sud America con lui e sua moglie, in un primo momento fui felicissima e accettai con entusiasmo, poi però incominciai a pensare a come dirlo alla mamma. Certamente lei mi avrebbe detto "vai pure, divertiti"; sapevo però che ci sarebbe rimasta male. Avrebbe passato le vacanze in città, da sola, mentre io mi sarei divertita insieme alla moglie di mio padre. Capii di non poterlo fare. Così, all'ultimo, ho trovato una scusa e non sono partita» (Grazia).

I conflitti di lealtà pongono i figli al centro di un *doppio legame*, ossia di due "forze" contrastanti, entrambe molto coinvolgenti dal punto di vista affettivo. Ci si vorrebbe sottrarre ma non si vedono vie d'uscita. Si ha l'impressione di sbagliare, qualsiasi atteggiamento si assuma. «Mi è dispiaciuto che i parenti di mio padre abbiano rotto i rapporti con mia madre perché è stata lei a volere la separazione.

Quando parlavano male di lei mi sentivo ribollire il sangue. Ascoltare i loro discorsi era come condividere le loro opinioni e tradire mia madre. Non avevo però il coraggio di reagire. Questo mi creava un grande disagio» (Rita).

Ma c'è chi trova una soluzione, come Silvano, che allora aveva undici anni. «Mio padre è una persona sensibile ma molto sospettosa. Quando ero più piccolo e andavo a casa sua lui criticava mia madre e mi faceva mille domande su di lei, sul nuovo compagno, su quali erano i rapporti di noi figli con quello che lui considerava "l'intruso". Io non sapevo come comportarmi. Qualunque cosa avessi detto sarebbe stata sbagliata. Mi spiaceva fare la spia anche perché vedevo che lui ci stava male. Però un giorno mi feci coraggio e gli dissi che non volevo creare disaccordi, che lui rimaneva mio padre e l'altro il compagno di mia madre e che nessuno avrebbe mai potuto prendere il suo posto. Mio padre capì e il rapporto tra di noi divenne più sereno, libero da interferenze.»

L'impatto col terzo

Quando sta incominciando ad abituarsi a vivere con un solo genitore, un figlio può trovarsi ad affrontare un'altra novità, quella del nuovo partner di papà o di mamma e qualche volta di una nuova famiglia. Secondo i dati Istat più recenti, i divorziati che nel nostro Paese si rifanno una famiglia sono il 24 per cento (più della metà resta a vivere da solo o con i figli, il 15,8 per cento torna dalla famiglia d'origine).

La nuova relazione sancisce definitivamente la fine della prima famiglia, sulla cui sopravvivenza molti figli continuano a sperare per parecchio tempo. Piccoli o grandi che siano, molti di loro continuano a coltivare fantasie di riunificazione. Anche se un figlio è convinto che i propri genitori non possono continuare a vivere insieme può essere scioccato, all'inizio, nello scoprire che essi hanno nuovi partner o vanno alla ricerca di avventure. Devono abituarsi a vedere papà e mamma in un'ottica nuova, quella di un uomo e una donna con esigenze sessuali e sentimentali. Soprattutto per un adolescente può essere disturbante vedere che il genitore gli sta "rubando" il ruolo.

Mimmo parla in questo modo dei partner dei suoi genitori: «All'inizio ho provato disagio nel vedere mio padre accanto a una donna che non fosse mia madre e fastidio nel sapere che tra loro ci fosse intimità».

Un figlio può convincersi che avere una nuova compagna o un nuovo compagno sia un bene per papà o mamma, ma ciò non significa automaticamente che lo sia per lui/lei. La formazione di una seconda famiglia, se i genitori non prestano attenzione ai sentimenti dei figli di primo letto, può creare in questi ultimi un ulteriore senso di perdita. Un figlio può fantasticare su ciò che un genitore fa quando lui non c'è; domandarsi se papà sia più affezionato alla seconda famiglia che alla prima, se investe più tempo e più denaro con gli "altri" che con lui. E a seconda delle risposte che si dà, il suo umore e le sue attese possono variare.

Renata, figlia unica: «Dopo il divorzio, con me e mio padre c'era sempre Mara e quindi riuscivo a raccontargli poco di quello che facevo. Poi è arrivato il loro bambino, Giacomo, che è nato proprio quando io incominciavo ad avere un rapporto sereno con loro due. Il bambino è carino, ma è venuto troppo presto, io non mi sentivo pronta a dividere con lui le attenzioni di nostro padre: avevo faticato tanto per riuscire a ottenere un po' di considerazione e invece è arrivato lui a sostituirmi. Ero molto insicura a quell'epoca e dicevo a me stessa "se ha voluto un altro figlio vuol dire che io non gli basto". Loro avevano la loro vita e i nostri incontri si sono diradati».

Gelosie e odi violenti

I rapporti tra i due nuclei familiari possono essere complicati per i motivi più diversi. Per esempio, Gilberto, figlio unico, va d'accordo con la nuova moglie di suo padre ma...

«È una donna piacevole con cui riesco anche a chiacchierare per ore di tutto, dalla politica alla musica e tant'altro! Insomma, sarebbe perfetta se non fosse che ogni qual volta parliamo di mia madre si innervosisce terribilmente. Quando capita, infatti, lei cambia argomento o se ne va in un'altra stanza. Io credo che lei sia invidiosa di mia madre, credo cioè che avrebbe voluto conoscere papà prima di lei e avere magari costruito una bella famiglia con me come figlio. Mia madre ha moltissimi corteggiatori, tanto che non riesco a tenerne il conto. Nonostante i suoi cinquant'anni è sicuramente una donna più affascinante di quando ne aveva quindici di meno ed era ancora sposata e così le risulta facile trovare gli uomini. Ogni giorno o quasi se ne vede uno nuovo, cosa che a me dà parecchio fastidio. La moglie di mio padre invece mi ricopre di regali e di attenzioni come se fossi suo figlio. Ha anche arredato una camera tutta per me, dove ho messo le cose più care. Può darsi che prima o poi mi trasferisca da loro anche se mamma non la prenderebbe bene.»

Erica non può dimenticare: «La donna di mio padre è odiata da tutti noi. Si è fatta passare per la grande confidente di mia madre. Si erano conosciute a un corso di cucina. Di lì è iniziata una bella amicizia, veniva spesso a casa nostra e ogni tanto stava con noi nei giorni di festa come Natale, i compleanni e a noi faceva molto piacere, soprattutto perché sapevamo che era sola. L'abbiamo accolta, la consideravamo una di famiglia. E invece... è stato un colpo durissimo. Io ho provato come un senso di nausea, perché è come se fosse stata una sorella o una zia a tradirci in questo modo. Ma più di tutti mi fece arrabbiare mio padre che pretendeva pure che ne fossimo felici. Per fortuna si è reso conto di pretendere troppo e ha accettato il fatto che preferivamo vederlo da solo».

Emma ha paura dell'odio. «Quando mio padre mi ha detto che avrei avuto una sorellina mi sono sentita male. Al momento dell'annuncio eravamo in auto e io ho avuto la tentazione di spalancare la portiera e buttarmi in strada dalla macchina in corsa. Ho odiato alla follia quella bambina prima che nascesse, l'ho odiata tanto che ora ho paura dell'odio, perché è un sentimento che mi ricorda quando stavo male. Ho odiato la bambina e la compagna di mio padre, che era incinta. Le dicevo con cattiveria di lasciare mio padre. Io l'ho rifiutata e lei ha rifiutato me.»

Facciamo un test

Fortunatamente altri non soltanto accettano il nuovo partner, ma stabiliscono con lui/lei una buona relazione. Spiega Francesco: «Non ho mai visto Carlo come un intruso che prendeva il posto di mio padre. Siamo diventati una nuova famiglia naturalmente, senza che qualcuno lo avesse programmato. Carlo ha occupato il posto accanto a mia madre che io avevo visto sempre vuoto, in quanto mio padre aveva sempre avuto avventure con altre donne. Con Carlo la mamma era felice: bastava guardarla per capire che stava bene, mentre non ricordo di averla mai vista serena con mio padre. Non potevo desiderare di meglio per lei e anche per noi figli. Finalmente avevamo un padre! Finalmente potevamo rilassarci! Carlo ci ha coinvolti nella sua vita in ogni modo, con naturalezza, senza mai essere invadente. Dopo il divorzio lui e mia madre si sono sposati ed è stato un matrimonio felice. Ora che io e mio fratello non viviamo più con loro continuiamo a vederli spesso. Sono tranquillo perché so che la mamma non sarà sola durante la vecchiaia».

Lo spazio sottostante è riservato ai figli i cui genitori hanno trovato un nuovo partner stabile. Ci sono otto affermazioni e una scala di accordo/disaccordo con valori da 1 a 5. Quanto più siete in accordo con l'affermazione tanto più il numero che cerchierete sarà elevato. Se entrambi i vostri genitori hanno avuto un rapporto stabile con un nuovo partner potete fare il test due volte, per l'uno e per l'altra.

	Disaccordo	**Accordo**
L'entrata del compagno (compagna) di mia madre (padre) nella mia vita è stata una sorpresa per me	1 2 3 4 5	

Non mi piaceva il partner di mio padre (madre)	1 2 3 4 5
Ero geloso del tempo che mio padre (madre) trascorreva con quella persona	1 2 3 4 5
Avevo la sensazione di dover nascondere quella relazione all'altro mio genitore	1 2 3 4 5
Quando è finita la relazione del mio genitore con il nuovo partner ci rimasi molto male	1 2 3 4 5
La nostra famiglia è stata scompigliata dall'arrivo di quella persona	1 2 3 4 5
La nuova relazione ha peggiorato la situazione finanziaria	1 2 3 4 5
I rapporti con i miei fratellastri o fratelli acquisiti erano difficili	1 2 3 4 5

Ora sommate i punteggi parziali. Più elevato è il totale (da 8 a 40), più siete stato colpito negativamente dalla nuova relazione del vostro genitore.

Nel tempo i rapporti possono migliorare o peggiorare. Gli effetti di un forte disagio lasciano a volte delle tracce, ma non si tratta di una condizione universale. A volte basta un appiglio per resistere e riprendersi in tempi relativamente brevi, come emerge da questa lucida analisi di Domenico, che rappresenta una sintesi di quanto esposto fin qui: «Il divorzio può essere più o meno traumatico a seconda di come riesci ad accettare i cambiamenti e questo dipende anche dalle persone che ti stanno accanto. Se devi fare tutto da solo è più difficile. È importante almeno sentire l'amore di uno dei due genitori, perché è quello che ti dà la spinta a non lasciarti andare. E poi c'è un'altra cosa di cui sono sicuro: se due persone sposate non vanno d'accordo è meglio che si lascino. È meglio per il bene di tutti, al contrario di ciò che si dice. Con questo non voglio dire che bisogna arrendersi di fronte al primo ostacolo, però è inutile andare avanti per forza di inerzia o perché non ci si rassegna o per i figli. Vedere ogni giorno le stesse scene di rabbia, forse di odio e di mancanza di rispetto fa tanto male e ti porta a considerare il genitore che fa soffrire come cattivo e quindi sarà anche più difficile per un figlio aver voglia di stabilire un rapporto con lui e volergli bene con i conseguenti sensi di colpa. È quello che ho imparato dalla mia esperienza. Avrei preferito che i miei avessero divorziato prima, così non avrei visto tante cose spiacevoli, anche se ovviamente non era nelle loro intenzioni farci soffrire. Non fa bene ai figli vedere che i propri genitori non si sopportano».

6

PER I GENITORI

Quando ho deciso di sposarmi sapevo
che stavo facendo il più grosso errore
della mia vita.
Spero ora di non far di peggio.
UN PADRE SEPARATO

«La separazione ha portato soltanto dei vantaggi» spiega Flavia, trent'anni, figlia unica, tre anni al momento della separazione, diciannove al divorzio. «Prima di tutto mia madre ha potuto ricostituirsi una famiglia con persone più simili a lei. Io ho avuto la possibilità di mantenere vivo il rapporto con mio padre, sebbene non profondissimo, perché lui è una persona chiusa. Ma anche nelle famiglie unite ci sono dei problemi. Ognuno ha il suo carattere, i suoi limiti. In secondo luogo, e per me è stata la cosa più importante, ho avuto la fortuna di vivere con il compagno di mia madre, che stimo molto e con cui sono in ottimi rapporti. Lui mi ha aiutata moltissimo e per me il suo giudizio conta quanto quello di mio padre e di mia madre. Ho un buon rapporto anche con i suoi figli, i miei fratelli acquisiti. Avere due famiglie quando c'è accordo è un vantaggio. È il confrontarsi in una pluralità di persone che porta frutti positivi, o almeno nel mio caso è stato così. Prima ero una persona chiusa ma in questa situazione familiare tutti mi hanno forzata, in senso positivo, ad ampliare i miei orizzonti, a conoscere persone diverse. L'unico punto critico è stato il dover fare sempre attenzione a non suscitare gelosie tra i due ambienti che si contendevano il mio amore.»

Se è vero che l'età, nel caso di Flavia, può avere facilitato l'accettazione della nuova famiglia, altri problemi avrebbero potuto presentarsi se il patrigno non fosse stato una persona sensibile e affidabile, se la nuova coppia non fosse stata felice, se i fratelli e i nonni acquisiti avessero rifiutato Flavia, se il padre separato avesse osteggiato attivamente la formazione del nuovo nucleo familiare. Alcune di queste circostanze sfuggono al controllo, altre invece possono essere pilotate: e in molti casi esiste uno spazio di manovra.

Passaggi critici. Che fare?

Se molti figli adulti guardano alla divisione della famiglia come a un evento della loro storia, rilevante ma transitorio, superato in un arco di tempo "normale", per altri invece si tratta di un'esperienza i cui effetti si fanno sentire ancora a distanza di anni. In questi casi si dice che il divorzio non è stato "elaborato" ed è possibile, se si riesce a ripercorrere a ritroso vicende e vissuti personali e familiari, individuare dei passaggi critici dove l'imbarcazione domestica si è arenata lasciando esposto l'equipaggio. Se però fin dall'inizio si tengono presenti i "passaggi" e momenti sensibili dello sviluppo il danno può essere ridotto al minimo.

Lo abbiamo già ricordato ma è utile ripeterlo: un passaggio critico è il momento in cui si comunica la decisione di separarsi. Per reggere lo stress di una notizia che cambierà la vita, un figlio deve poter esprimere i propri sentimenti, trovare ascolto e comprensione. Bisogna consentirgli di manifestare la rabbia, il dolore e la tristezza: reprimere i sentimenti può portare, infatti, alla perdita di contatto con il sé interiore e/o a un insufficiente controllo dei propri impulsi. Le attività espressive, per il loro potere catartico, svolgono spesso una funzione terapeutica. La situazione diventa problematica quando papà e mamma non sono nelle condizioni di poter aiutare i figli nell'elaborazione di quello che per loro si configura come un vero e proprio "lutto": per la perdita della presenza di uno o due genitori in casa, per una serie di abitudini e riti quotidiani, per i "propri" spazi, per i sogni e le aspettative. Dolorosa è anche la percezione di non essere tenuti in considerazione, di "non contare nulla": «Ho vissuto con il mio patrigno, il secondo marito di mia madre, per diciassette anni» racconta Anna. «Con lui avevo una confidenza e un dialogo che non ho mai avuto con mio padre, da cui mia madre si era separata quando avevo soltanto due anni. Quando il mio patrigno ha lasciato mia madre per un'altra donna, sparendo dalla mia vita da un giorno all'altro senza ritenere di dovermi dire qualcosa e senza neppure salutarmi, mi sono ammalata e sono ingrassata in poco tempo di quindici chili. Ero convinta di essere importante per lui e invece mi sono accorta che non contavo nulla.» Va anche detto che Anna non ha potuto "sfogarsi" con nessuno: non con sua madre, che soffriva per essere stata lasciata; non con suo padre, con cui non aveva confidenza; non con la zia che di quell'evento non voleva sentir parlare.

Un altro passaggio critico è l'organizzazione della quotidianità. Bisogna evitare che i figli si sentano soli, trascurati e abbiano l'impressione che i genitori non svolgano più il loro ruolo. «Nessuno mangia più alla stessa ora», «Papà e mamma non mi ascoltano», «Lui ha un altro figlio e non mi pensa più» spiega Marco di otto anni. Serve invece mantenere inalterati gli orari e le routine che, soprattutto per i più piccoli, rappresentano un importante punto di appoggio. Per esempio, se un bambino di tre anni era abituato a vedere il genitore tutti i giorni, bisogna cercare di non modificare drasticamente questa consuetudine durante l'anno che segue la separazione, specialmente se anche l'altro genitore è spesso fuori casa. I bambini di quest'età soffrono se non possono più godere della presenza fisica di entrambi i genitori perché, come può capitare, uno se n'è andato di casa e l'altro lavora tutto il giorno. Questi piccoli continuano pateticamente a cercare ovunque i genitori assenti. Dal loro smarrimento possono nascere problemi psicologici e fisici: dall'ansia ai disturbi psicosomatici, dalle infezioni causate dal calo delle difese immunitarie al rifiuto del cibo.

Abbiamo visto come alla crisi familiare possa seguire una crisi economica. Lo scioglimento del matrimonio è sempre meno un fenomeno elitario e sempre più un fenomeno "democratico": non si separano soltanto le coppie benestanti, ma anche e soprattutto gli impiegati e gli operai (vedi scheda 6). Il divorzio però costa. Case, automobili e bollette raddoppiano, soltanto i soldi restano gli stessi. Chi è benestante deve limitarsi a rinunciare a qualche extra. Per altri invece si tratta di cambiar vita. Certamente il denaro non è tutto ma è indubbio che una maggiore disponibilità consente di risolvere molti problemi. L'impoverimento da separazione colpisce ceti medi e medio bassi e una delle maggiori fonti di angoscia è l'assegnazione dell'abitazione, che viene concessa alla donna nel 58 per cento dei casi, all'uomo nel 24 per cento e a nessuno dei due nel resto dei casi (vedi sito www.divorzionline.it). Il problema è reale, tant'è che a Bolzano è nata nel 2004 una prima piccola comunità ("casa-accoglienza"), pagata quasi per intero dalla Provincia, che accoglie alcuni padri freschi di separazione che altrimenti sarebbero costretti a vivere in situazioni precarie, senza la possibilità di ricevere i figli nei fine settimana.

Scheda 6
Fine della coppia: la condizione professionale del marito (Dati Istat 2001)

	n	%
Imprenditori e liberi professionisti	10.310	13.58
Dirigenti	2.922	3.85
Impiegati	20.428	26.91
Lavoratori autonomi	13.544	17.84
Operai	22.204	29.25
Non occupati	5.443	7.17
Altro	985	1.29
Totale	75.836	

Impiegati, operai e "non occupati" costituiscono il 63.33 per cento dell'intero campione.
I matrimoni tradizionali avevano una forte componente economica, univano patrimoni, trasferivano doti, coalizzavano famiglie e poiché spesso la donna non lavorava ma dipendeva dallo stipendio del marito, alla fine le unioni risultavano più solide, anche se ovviamente potevano essere infelici e dare luogo a un tipo di famiglia unita ma conflittuale. Con la diffusione del benessere e il progressivo ingresso delle donne nel mercato del lavoro le cose sono cambiate e le unioni si basano prevalentemente sulla "convivenza affettiva": un legame più fragile e per di più riproducibile con un partner diverso.
Nella quasi totalità dei casi di separazione (dati ISTAT 2000), il soggetto erogatore dell'assegno di mantenimento è l'uomo, indipendentemente dal fatto che a beneficiarne siano i figli (94,9 per cento) o la moglie (94,7 per cento). La donna invece risulta obbligata al mantenimento soltanto per il 2,2 per cento dei casi nei confronti dei figli e per il 5,3 per cento nei confronti del marito. Nei divorzi la situazione è molto simile: 92,9 per cento per il mantenimento dei figli da parte del marito e 95,8 per cento per il mantenimento della moglie.

Un momento delicato, che può trasformarsi anch'esso in un passaggio critico, è, come abbiamo già visto, quello dell'adolescenza. Siamo portati a pensare che un ragazzo tolleri meglio il cambiamento di quanto non riesca a farlo un bambino; ma non esiste una regola generale. Un adolescente può contestare apertamente le decisioni dei genitori e intromettersi in esse. Rispetto a un bambino ha il vantaggio di capire meglio ciò che sta accadendo; può mettere i propri genitori alle strette e obbligarli a parlare; può scegliere se stare con l'uno o con l'altra. Ciò non elimina però l'inquietudine, la rabbia e l'eventuale sensazione di essere stato abbandonato o tradito. «La separazione ha creato problemi finanziari e se prima pensavo di andare all'università dopo ho dovuto mettermi a lavorare. Forse è stata questa la conseguenza peggiore per me: ho abbandonato i sogni e ho accettato un lavoro qualunque» (Mirko). In molte famiglie divorziate l'adolescenza comincia prima per i figli e non è infrequente che questa precocità implichi esperienze sessuali vissute anzitempo e/o maggior consumo di alcol e droghe. Maschi e femmine continuano ad avere bisogno di supervisione, e, per un maschio in particolare – come è emerso nei casi di Dario e di Bruno (vedi alle pp. 86, 95) – poter contare sul proprio padre (o qualcuno in grado di sostituirlo) rappresenta un vantaggio; anche se ciò non esclude che, grazie alla propria resilienza o forza interiore, si possano trovare altrove punti di riferimento (persone, interessi, figure carismatiche) che consentano di mantenersi in rotta.

Un passaggio critico si verifica quando compaiono i nuovi partner dei genitori e quando all'orizzonte si profila una seconda famiglia. Le situazioni possono essere molto diverse in quanto sono in gioco svariati fattori: il carattere, la sensibilità del "terzo", la sua carica di simpatia o, al contrario, l'antipatia o l'indifferenza che riesce a ispirare; l'umore dei figli e il timore di tradire l'altro genitore; l'atteggiamento di quest'ultimo e i suoi apprezzamenti; i discorsi o le critiche dei parenti. A volte scatta subito un'intolleranza reciproca. Altre volte un genitore troppo precipitoso non rispetta né tempi né forma. «Un giorno, durante le solite visite compare una donna. Per noi figli è stato un duro colpo. Non doveva metterci di fronte al fatto compiuto. Col suo comportamento ha dimostrato di non tenerci in alcuna considerazione. Non credo che la moglie di mio padre sia una persona cattiva ma non riesco proprio a vederla accanto a lui. Non mi interessa e non la voglio frequentare» (Rosy).

Se si fanno le cose troppo in fretta tutto diventa più difficile. Coloro invece che agiscono per gradi, rispettando tempi e sensibilità, ottengono più facilmente il consenso dei figli. «Sono stato contento che mamma avesse trovato un uomo» spiega Mimmo «perché l'ho vista finalmente contenta, sorridente e positiva e poi ha cercato di dirmelo con molta dolcezza e l'ho apprezzato molto.»

Il cammino della nuova famiglia

La famiglia ricostituita ha caratteristiche strutturali che la rendono diversa dalla famiglia biologica e riconoscere le differenze aiuta a evitare errori e fraintendimenti. Una diversità rilevante è ovviamente il fatto che uno dei due genitori biologici viva altrove, un'altra differenza riguarda la presenza di nuove figure: non soltanto il compagno o compagna del genitore affidatario ma anche fratelli, nonni e zii acquisiti. I rapporti con queste nuove figure non vanno imposti, ma lasciati evolvere spontaneamente sulla base di simpatie, reciproca conoscenza e affinità. Sono i figli a dover decidere che ruolo può avere il "terzo" nella loro vita, se cioè a un certo punto possa assumere il ruolo di genitore (più facile con i piccolissimi, assai più difficile per i più grandi), oppure essere un amico o un compagno di giochi o un confidente o un modello da imitare o anche soltanto il compagno della mamma o la fidanzata di papà. La formazione della seconda famiglia non è istantanea, ma avviene cammin facendo.

Se all'inizio, per educazione o soggezione, i figli non mostrano i loro veri sentimenti, dopo un po' possono dare segni di insofferenza. Possono emergere problemi pratici ed economici, inizialmente sottovalutati. Anche se la vita sessuale della coppia è soddisfacente, lui e lei possono accorgersi che i momenti di *privacy* sono rari. Per non correre il rischio di una seconda perdita, i figli sono restii a legarsi emotivamente alla nuova figura di adulto e/o ai suoi figli. L'insieme di questi fattori può generare una crisi, che però è fisiologica. Un po' di confusione, di incertezza e/o di ostilità devono essere considerati normali in questa fase.

Se la coppia si impegna a far funzionare le cose e cerca di capire le esigenze di ognuno, la crisi può essere salutare. I conflitti non devono essere negati, ma sfruttati come opportunità per imparare qualcosa di nuovo sugli altri, su di sé, sul buon funzionamento del sistema. La seconda unione può essere un'occasione per sperimentare in un contesto diverso le regole della convivenza e le strategie necessarie per andare d'accordo. Può anche essere un'occasione per imparare a tenere a freno i propri egoismi e a controllare l'impulso infantile di "vincere" sempre e comunque.

Generalmente si raggiunge una maggiore stabilità quando si comprende che per fare funzionare un sistema complesso come una famiglia mista sono necessarie perseveranza e una buona dose di disponibilità nei confronti degli altri. Quando si incomincia a imparare ad accettarsi l'un l'altro e a compiere delle rinunce per andare d'accordo, anche l'ultimo arrivato (il "terzo") può incominciare a inserirsi costruttivamente nel gruppo.

Qui di seguito sono indicate alcune delle prolematiche tipiche della seconda famiglia.

Il primo anno. Anche se si è conclusa con una separazione, la vita familiare precedente non può essere cancellata. C'è un ex (a volte due nel caso in cui entrambi i partner siano separati) che può interferire in misura più o meno rilevante nella vita della coppia (denaro, figli, sentimenti irrisolti). Invece di soffiare sul fuoco, il nuovo partner dovrebbe sforzarsi di essere obiettivo e ridurre i motivi di conflitto. Ci sono, poi, i diritti e i tempi dei figli: non si può pretendere che accettino immediatamente la nuova situazione, bisogna concedere loro del tempo, non pretendere di sostituirsi al padre o alla madre. Anche se i genitori sono divisi, i figli continuano a essere legati all'uno e all'altra in un rapporto affettivo e di lealtà. È consigliabile che la nuova coppia stabilisca, di comune accordo e in anticipo, la linea da tenere con i rispettivi figli, evitando discussioni di fronte a loro.

Un nuovo bebè. Se la coppia ha un figlio proprio, qualche segno di gelosia da parte dei figli è inevitabile. Non soltanto un bambino ma anche un adolescente può dare segni di insofferenza: può sentirsi messo da parte, surclassato (vedi Renata a p. 124) e, con i suoi comportamenti, creare tensioni anche molto forti nella coppia. Per evitare scontri e fratture, occorre che il genitore e il nuovo partner sappiano mettersi nei panni dei ragazzi e prestare loro attenzione. Il che non significa ovviamente liquidarli con dei regali o del denaro, ma dedicare loro del tempo, parlare dei cambiamenti in atto e ascoltare le loro riflessioni.

Denaro. La questione dei soldi rappresenta un vero e proprio campo minato: difficile mantenersi obiettivi quando bisogna fare economie o rinunciare ad acquisti importanti perché una parte consistente del budget familiare va destinata all'ex e ai figli di primo letto. Per evitare che questo genere di questioni avveleni la vita della coppia e porti a rotture sarà bene chiarirne tutti i risvolti prima di stabilizzare la nuova unione. In linea di massima, un atteggiamento realistico su questo aspetto della vita coniugale non ostacola ma favorisce l'accordo.

Intimità. Chi approda a una seconda unione dovrebbe essere abbastanza sicuro di poter vincere ogni forma di gelosia retrospettiva, sia nei confronti dell'ex del partner che dei suoi figli. Se in famiglia ci sono adolescenti – che mostrano disgusto all'idea che il genitore abbia una vita sessuale con un "estraneo" – le effusioni sentimentali possono diventare difficili. Bisogna però che la nuova coppia sappia salvarsi spazi di intimità, ritagliandosi, per esempio, dei week-end lontano dai figli.

Parenti e festività. Il secondo matrimonio aumenta il numero dei nonni e degli zii, il che dà la sensazione confortante di una famiglia allargata. Bisogna però evitare che i parenti si contendano i nipoti e si facciano la guerra. È necessario comprendere le esigenze degli uni e degli altri evitando gli atteggiamenti troppo rigidi. Ai bambini piacciono i nonni e gli zii ed è un loro diritto mantenere i legami anche dopo la separazione; per quanto riguarda la nuova parentela, si vedrà come evolvono i rapporti. Anche per quanto riguarda le festività è bene essere elastici e comprensivi. L'alternanza è una soluzione ragionevole: un Natale con una famiglia e il successivo con l'altra. Stessa cosa per il compleanno e le altre ricorrenze. Per le esperienze di abbandono che hanno vissuto, i figli dei divorziati sono spesso più attenti degli altri a queste ricorrenze. Ricevere attenzioni il giorno del compleanno da parte dell'altro genitore può diventare, per alcuni, una vera e propria necessità. È ancora Anna a parlare: «Il fatto che mio padre, per non incontrarsi con mia madre, non sia venuto alla festa dei miei diciott'anni ha creato una frattura tra di noi. Bastava un piccolo sforzo...».

Scheda 7
Riflettere prima di agire

Pro memoria

– Prima di fare una scelta definitiva è bene valutare se le difficoltà con il coniuge sono veramente irrisolvibili. In fondo c'è stato un momento in cui vi siete scelti e piaciuti. Esistono operatori della psiche specializzati in terapia della coppia che possono aiutare a cambiare, a ritrovare un linguaggio comune.

– Il "dopo" è qualcosa che molti scoprono soltanto a cose fatte. Prima di decidere è bene valutare attentamente i pro e i contro. Non si tratta di opportunismo ma di non accumulare errori.

– Una visita da un matrimonialista è utile per avere importanti informazioni sulla situazione finanziaria, sui propri diritti e tutti gli altri aspetti legali. Sono informazioni vitali che però rappresentano solo una parte del problema. Bisogna pensare con realismo come sarà la propria vita dopo il divorzio.

– Per consentire ai figli di superare lo shock del divorzio bisognerà dedicare loro del tempo.

Come riprendersi dal divorzio senza danneggiare se stessi

– Non perdete fiducia in voi stessi. Non lasciatevi andare. Cercate di mantenere i vostri ritmi quotidiani, di mangiare normalmente e di fare dell'attività fisica.

– Consultate le persone di cui avete bisogno per superare eventuali problemi emotivi legati al divorzio o le difficoltà legali.

– Se vi accorgete che il vostro avvocato per ottenere il massimo "attizza" il conflitto con il vostro ex, chiedetevi se ne vale veramente la pena.

– Confidatevi con gli amici ma non «diluviateli» con troppi dettagli.

– Non sopprimente il vostro dolore. Avete perduto qualcosa, è normale essere addolorati.

– Prendere coscienza dei propri punti deboli è importante, prima di tutto però serve pensare ai punti forti.

– Non prendete decisioni avventate. Limitatevi a prendere le decisioni più urgenti.

– Non vi isolate da coloro che vi vogliono bene e possono aiutarvi.

– Non vi lasciate coinvolgere troppo in fretta in un'altra relazione. Consentitevi di imparare la lezione che la vita vi offre.

– Accettate l'idea del cambiamento. Il cambiamento non è una minaccia, consente di crescere. Può essere necessario rivedere le proprie priorità.

– Anche un genitore solo può essere un bravo genitore: ha maggiori responsabilità ma può essere più sereno di prima.

Famiglia funzionale: una verifica

Sia le famiglie divise, sia quelle ricomposte possono, come tutte le altre, funzionare bene o funzionare male. Una famiglia che funziona bene si distingue da alcune caratteristiche. Passando in rassegna i punti sottostanti il lettore può verificare se nella sua famiglia esistono oppure no le condizioni che permettono di contraddistinguerla come fondata su un buon accordo:

– l'atteggiamento dei genitori è fermo ma non rigido, coerente nel tempo;

– si è capaci di prendere decisioni per il bene di tutti, di risolvere in tempi relativamente brevi problemi e conflitti;

– la comunicazione è efficace; non ci sono forme di manipolazione della comunicazione (per esempio casi frequenti di "doppio legame", vedi a p. 122); non vengono inviati messaggi contraddittori; non si inganna; non ci sono segreti; non ci sono forme larvate o esplicite di istigazione nei confronti di altri membri della famiglia;

– non si strumentalizzano i figli o altri membri della famiglia creando problemi di lealtà, sensi di colpa o tensioni croniche;

– i figli si sentono accettati, tenuti in considerazione; quando la famiglia è divisa, essi si muovono serenamente, senza inquietanti "segreti" o particolari inibizioni, nei diversi ambiti o spazi di vita, tra l'una e l'altra parentela.

– si è capaci di esprimere e rispondere in maniera appropriata ai bisogni quotidiani;

– si rispetta l'individualità di ognuno e il crescente bisogno di individualità e autonomia dei figli; non c'è "invischiamento" a livello dei sentimenti (così da confondere i propri con quelli degli altri) né inversione dei ruoli;

– si è capaci di fornire supporto quando ci sono difficoltà, traumi o perdite; per esempio, la morte di un parente (come un nonno) può non significare nulla per uno dei due genitori, questi tuttavia capisce che si tratta di una perdita per il proprio figlio e, anche se non è in buoni rapporti con la famiglia dell'ex, evita di creare stress o di ignorare ciò che è accaduto.

Nelle famiglie disfunzionali (divise, unite o ricomposte) un figlio può ritrovarsi solo con se stesso di fronte a difficoltà o perdite dolorose, sia perché i genitori sono presi dai loro contrasti e dalla loro tormentata vicenda esistenziale, sia perché lui stesso cerca di non aggiungere nuovi problemi a quelli già esistenti e sia perché non trova delle situazioni alternative o "spazi vivibili" al di fuori del suo disunito nucleo familiare. La famiglia viene così percepita come un luogo in cui non è possibile trovare comprensione e conforto nei momenti dolorosi. Questo apprendimento negli anni infantili – anche se legato alla propria individuale esperienza e non estensibile ad altri contesti – può radicarsi e modellare la crescita. Ciò spiega perché persone cresciute in famiglie fortemente conflittuali (unite o divise) possano mostrare scarsa fiducia nei legami di lunga durata. Nel prossimo capitolo vedremo come sia possibile, compiendo uno sforzo nella direzione opposta, liberarsi da questi apprendimenti.

7

PER I FIGLI (GRANDI)

Un divorzio affrontato in maniera oculata e realistica può insegnare ai figli come confrontarsi con i problemi della vita con comprensione, saggezza e azioni appropriate.
JUDITH WALLERSTEIN

Fino a vent'anni fa coloro che sopravvivevano a un attacco cardiaco pensavano di dover affrontare una lunga convalescenza, di dover evitare qualsiasi stress, anche minimo, di essere costretti ad abbandonare l'attività lavorativa e condurre un'esistenza riparata tra le mura domestiche. Oggi, con una supervisione medica appropriata, molti infartuati riescono a rimettersi nel giro di breve tempo, a riprendere le proprie attività con la sensazione di essere più sani di prima. Ciò è possibile perché i medici non lasciano loro il tempo di adagiarsi nella condizione di "malato", li spingono a fare esercizi fisici e ad adottare una dieta alimentare sana. E così, alla fine, l'ex infartuato può riemergere dalla crisi fortificato e con la sensazione corroborante di essere riuscito a vincere una grossa sfida.

Non sempre le malattie indeboliscono, a volte rafforzano perché l'organismo reagisce mettendo in moto delle difese che consentono una ripresa e che immunizzano da ulteriori attacchi di virus e batteri. Ciò che succede per i malanni fisici può succedere anche per quelli psicologici. L'"infarto" provocato dal divorzio dei propri genitori può essere superato se si fa appello alle proprie energie, se si trovano dei bravi "medici", se non si rimane troppo a lungo in una condizione di precarietà e di crisi. Qualche volta, però, per motivi diversi si resta impantanati in terreni paludosi da cui non si riesce a riemergere. In questi casi l'infartuato della psiche porterà dentro di sé, per molto tempo, le conseguenze del trauma. E tuttavia, come vedremo nelle prossime pagine, si può sempre fare qualcosa anche in età adulta per scrollarsi di dosso gli strascichi di un'esperienza che ci ha feriti, non consentendole di continuare a condizionarci.

La profezia che si autoavvera

Per i figli dei divorziati il disagio maggiore può riguardare la sfera dei legami sentimentali e la capacità di stabilire rapporti duraturi. Se, a causa dei cattivi modelli, non si è riusciti a interiorizzare una immagine positiva dei rapporti amorosi e sentimentali, ci si può trovare impreparati a una relazione: si teme l'intimità, si ha paura delle delusioni. Come reazione, si può essere troppo possessivi e dipendenti oppure aggressivi, sospettosi, insicuri.

«Gli unici modelli positivi di coppia che ho avuto sono stati quelli dei miei nonni. Io però ho sempre pensato di non poter prenderli a modello perché appartenevano a un'epoca troppo lontana dalla mia» spiega Franco, di trentadue anni, che passa da un'avventura all'altra e che, per paura di essere lasciato, lascia le ragazze «non appena la cosa incomincia a funzionare.»

«Quando non hai avuto dei modelli validi ti devi inventare l'intimità di testa tua. Può sembrare una forma di libertà, ma non è così» spiega Grazia, ventidue anni, e per chiarire il proprio pensiero ricorre a una metafora. «Se qualcuno ti ha insegnato a ballare il valzer e trovi un partner che è in grado di ballarlo, segui la musica e vai! Ma se nessuno te lo ha mai insegnato, la musica in sé non è sufficiente e prima o poi finisci per pestare i piedi al tuo ballerino.»

I figli che restano polarizzati sul fallimento sentimentale dei loro genitori usano le proprie esperienze infantili e adolescenziali come metro per misurare il mondo, ovunque vedono trabocchetti e delusioni. Ma una simile polarizzazione sulle esperienze della propria infanzia finisce per trasformarli in potenziali vittime e crea aspettative negative su di sé, sugli altri e sulle relazioni sentimentali, aspettative che, a quel punto, hanno buone possibilità di avverarsi. Per esempio, se i genitori hanno divorziato perché uno dei due aveva un legame clandestino, da adulto un figlio può soffrire a tal punto di gelosia da controllare ogni movimento del proprio partner, assillarlo, avanzare dubbi e sospetti fino a farsi lasciare.

«Non riesco a trovare un rapporto stabile con una donna. Magari mi innamoro pazzamente di chi mi sfugge e poi quando c'è quella che mi salta addosso scappo io, anche se mi piace. Temo di legarmi. Non sono romantico. Non riesco a esserlo. Ho collezionato tante storie senza importanza. D'altro canto a me è successo da un giorno all'altro di ritrovarmi con una madre puttana e un padre alcolizzato che scatenava le risse con noi bambini davanti. A quattordici anni me ne andavo in giro da solo, fumavo spinelli e mi facevo di coca, se allora fossi morto non me ne sarebbe importato nulla» racconta Tullio, trentadue anni, lasciato dalla madre all'età di sette (vedi alle pp. 50, 91). E continua: «A volte mi dico: metti la testa a posto e sposati, ma non credo che lo farò mai perché non ho fiducia nell'altro sesso e ho paura di far vivere ai figli ciò che ho vissuto io».

Scheda 8
Influenze

Alla domanda *Pensi che l'esperienza del divorzio dei tuoi genitori abbia influito sul tuo modo di relazionarti agli altri, sui rapporti sentimentali e di coppia?* i figli e le figlie del nostro campione di cinquanta soggetti tra i diciotto e i quarant'anni hanno risposto:

No	18 per cento
Sì, in positivo	22 per cento
Sì, in negativo	52 per cento
Non so	8 per cento

Coloro che pensano che il divorzio abbia influito negativamente su di loro parlano di:

scarsa affettività
difficoltà ad aprirsi e a lasciarsi andare
insicurezza
diffidenza
disagio con persone dell'altro sesso
melanconia
scarsa fiducia negli altri

Coloro che pensano di averne tratto degli insegnamenti utili indicano:

evito i contrasti
cerco di non ripetere i loro errori
mi sono rafforzato
sono più sensibile
capisco le persone
sono diventato esperto nei rapporti di coppia
so come realizzare una famiglia serena

I figli dei divorziati possono commettere l'errore di attribuire un valore generale alle proprie esperienze, consentendo alle ombre del passato di allungarsi sul presente e sul futuro e di creare condizioni sfavorevoli. Coloro che, sulla base di quella che è stata la loro esperienza, sono sfiduciati e delusi, dovrebbero sforzarsi di considerare che, in realtà, le cose non sono sempre come sembrano o come noi ci attendiamo che siano. Non bisognerebbe lasciare che i ricordi, ancora carichi delle emozioni e dei sentimenti di un tempo, colorino le nostre percezioni attuali. In realtà non è per nulla scontato che una precedente esperienza negativa debba condizionare necessariamente il resto della vita e costituire quella che gli psicologici definiscono "una profezia che si autoavvera". Le vicende familiari hanno un'elevata probabilità di ripetersi nella generazione successiva ma soltanto se noi crediamo che così debba essere. Sta a noi spezzare quella catena mentale che ci tiene in soggezione. Il ragionamento più proficuo è quello che ha fatto Erica.

«Non ho permesso al mio dolore di distruggere il mio equilibrio interiore. Mi sono imposta di vedere soltanto gli aspetti positivi della situazione. Per anni i miei genitori erano andati d'accordo e io avrei preferito che fossero rimasti insieme, ma ho capito che la loro decisione era giusta e inevitabile. Mia madre era stata ingannata e mio padre aveva deluso non solo lei ma anche me; ma i loro problemi di coppia non dovevano riversarsi su di me e su mia sorella: noi avevamo dei progetti per la nostra vita e non dovevamo permettere a nessuno di distruggerli. Il mio progetto era di laurearmi in medicina e avere una famiglia unita. Quello di mia sorella era di diventare una critica d'arte. Anche se mio padre e la sua donna (amica di mia madre) hanno tenuta nascosta la loro relazione per tanto tempo ingannando mia madre, me e mia sorella, mi sono imposta di mantenere forti i miei ideali di amore e di amicizia. Ho capito di dover proteggere il mio entusiasmo e la mia fiducia nella vita.»

Anche i figli di famiglie i cui genitori, pur non andando d'accordo, restano insieme possono dover fronteggiare problemi simili. «I miei non si sono mai divisi e hanno continuato a vivere sotto lo stesso tetto. Un'esperienza surreale! Non si rivolgevano la parola. Comunicavano soltanto con dei bigliettini. Conducevano vite separate e quando capitava che fossero in casa tutti e due, l'aria era irrespirabile. Si sono detestati appassionatamente per tutta la vita. A volte fingevano di parlare con noi su argomenti vari, ma era un pretesto per fare allusioni sgradevoli, lanciarsi frecciatine, criticarsi. Si erano sposati per amore, inoltre erano religiosi ed è per questi due motivi che non si sono mai lasciati: non volevano cancellare quello che era stato un grande momento della loro vita e non si sentivano autorizzati a farlo. Noi però ne siamo usciti logorati e abbiamo faticato a liberarci dall'idea che i rapporti sentimentali dovessero essere tutti quanti deludenti» (Zoe).

Gli ingredienti delle relazioni sentimentali

Per sopravvivere nel tempo, una relazione sentimentale deve essere improntata a quattro principi o fattori fondamentali: il rispetto dei confini, la fiducia, l'apertura, la capacità di risolvere i conflitti. Il fatto che un rapporto si fondi o meno su questi cardini dipende non soltanto dall'esempio dei genitori ma anche da una serie di variabili, come il temperamento e le esperienze di vita, le attese soggettive, la volontà di realizzare un rapporto che duri nel tempo. Tuttavia, gli anni trascorsi in famiglia e il clima del postdivorzio possono avere un'influenza sul modo in cui una persona imposta, da adulta, le proprie relazioni sentimentali e amicali.

Consideriamo il primo fattore, ossia i *confini*. I confini sono molto importanti nella vita di coppia. Per realizzare una unione che duri nel tempo bisogna trovare il giusto equilibrio tra la ricerca di fusione e il bisogno di autonomia. Per spiegare questo concetto Robert Beavers, terapeuta della coppia, utilizza una metafora: «Le coppie sane sono capaci di stabilire la differenza tra emozioni e desideri dell'uno e dell'altro. Questa capacità è di estrema importanza per poter vivere insieme, per prendere decisioni sostenute da entrambi, per star bene con l'altro. Io ricorro, come esempio di confini ottimali, al caso della cellula vivente. La cellula ha dei confini ben marcati; è molto chiaro che cosa c'è dentro e che cosa c'è fuori di essa, e tuttavia essa è permeabile al mondo esterno, permettendo un interscambio efficace. Sono arrivato a capire che la patologia di una coppia dipende dal non tener conto dei confini tra i due partner; così come la testarda insistenza nel mantenimento di confini rigidi non è un segno di salute nel rapporto. Nel culmine della passione – sia essa rabbia o estasi – i confini vanno perduti. Talvolta è una fusione stupenda; talvolta orribile... Tuttavia i coniugi più fortunati riescono a ritrovarsi, a eliminare le barriere, a ristabilire un efficace dialogo tra due persone indipendenti» (da *Il matrimonio riuscito*, p. 77).

Il discorso dei confini riguarda anche la relazione genitori-figli: anche in questo caso non è bene confondere i desideri, le intenzioni e gli obiettivi degli uni con quelli degli altri. I figli non devono essere coinvolti nelle dinamiche intime dei genitori e trattati da confidenti. Ma anche le barriere rigide non funzionano: ognuno è chiuso nella propria monade e nessuno può capire ciò che sta succedendo.

La *fiducia* è un'altra componente importante per la buona riuscita di un rapporto. Le esperienze infantili possono promuoverla o indebolirla. La rottura del legame matrimoniale può deludere un figlio, convincerlo che non ci si può fidare di nessuno oppure renderlo visibilmente insicuro e dipendente. A seconda del tipo di esperienze, degli apprendimenti e del temperamento di ognuno (alcuni sono molto sensibili, altri poco o nulla): quando si tratterà di impostare un rapporto di coppia ci sarà chi si attaccherà al partner come il velcro, chi saboterà il rapporto con eccessive pretese e chi, per proteggersi, manterrà una tale distanza di sicurezza che non gli consentirà di raggiungere quell'intimità di cui invece avrebbe bisogno.

Strettamente collegata alla fiducia è l'*apertura*, ossia la capacità di rivelarsi agli altri – con i propri pregi e limiti – e di interagire senza sentirsi vulnerabili e senza erigere difese preventive. Un cattivo divorzio dei genitori può influire su questa capacità, che può risultare compromessa dalla separazione definitiva dal padre o dalla madre (*parentoctomia*) oppure da cambiamenti drastici nello stile di vita che hanno dato origine a un senso di inferiorità. Coloro che associano il rifiuto (dell'altro) alla debolezza (propria) sono terrorizzati all'idea di aprirsi, lo considerano un grosso rischio. E se alcuni sono timidi, chiusi o respingenti (possono anche cercare di proteggersi con l'alcol, la droga e gli psicofarmaci) altri invece – che potremmo definire *surfisti* – sono gentili, cordiali e persino espansivi ma al tempo stesso abilissimi nel mantenere sempre rapporti superficiali onde evitare qualsiasi coinvolgimento. All'opposto ci sono quanti, alla ricerca di calore umano e accettazione, concedono troppa confidenza troppo presto e si aprono senza discriminare persone e situazioni. Quest'ultimo atteggiamento può avere successo quando si ha la fortuna di incontrare la persona giusta, mentre può essere all'origine di delusioni quando si mostrano le proprie intenzioni e/o debolezze alle persone sbagliate.

In ogni relazione e in ogni famiglia ci possono essere discussioni e dispute: molti sanno affrontare e *risolvere i conflitti* con fiducia e senza perdere la calma, altri invece entrano subito in crisi e reagiscono in modi controproducenti. Chi ha vissuto i conflitti dei genitori con angoscia, li ha visti degenerare in violenze e in lotte senza fine e non ha assistito a effettive riconciliazioni, può avere difficoltà a gestire non solo gli scontri rilevanti ma anche semplici dissapori o divergenze di opinioni, perché il minimo attrito ha il potere di rievocare in lui scenari infantili di paura e impotenza. Ma può anche accadere che, essendo cresciuti tra i litigi, i figli del divorzio abbiano acquisito la stessa attitudine litigiosa dei loro genitori e quindi pensino di dover "vincere" sempre, abbiano difficoltà a prendere in considerazione il punto di vista dell'altro e a dire "mi dispiace" quando hanno torto. Poiché i maestri sono stati scadenti, gli allievi non sono brillanti. C'è chi reagisce con aggressività alla minima contrarietà e chi, invece, cerca motivi di scontro e attizza piccoli e grandi incendi per ricreare il clima di conflitto che gli è familiare e che lui/lei ha associato alla vita domestica. Altri assumono un atteggiamento diametralmente opposto: sono pronti a capitolare immediatamente pur di non doversi misurare, oppure cercano di evitare qualsiasi occasione di scontro. Se sono provocati e non possono sottrarsi a un confronto, possono diventare aggressivi e avere reazioni esagerate.

Per risolvere i conflitti non esiste, ovviamente, una formula unica. Qualche volta è opportuno evitare lo scontro, altre è invece meglio affrontarlo. Il problema sta nel trovare la modalità giusta al momento giusto. Da una situazione difficile si può anche uscire alleandosi con l'antagonista, invece di lanciarsi contro di lui, e un approccio morbido è spesso più efficace di uno duro. Le esperienze passate sono importanti, insegnano qualcosa anche quando sono negative, non devono però portare a reazioni rigide e schematiche.

Spezzare la catena generazionale

Esiste, come hanno spiegato illustri studiosi della psiche e come abbiamo accennato poc'anzi, il rischio che si formi una catena generazionale dei traumi non risolti e che le "colpe" dei padri ricadano sui figli. Se, per difendersi dalla sofferenza, una persona reprime nell'infanzia i propri sentimenti o li nega e, ormai adulta, continua a tormentarsi e a evitare "pericoli" che una volta erano reali ma che adesso non lo sono più, con i suoi atteggiamenti, le scelte e il suo stile di comunicazione questa persona finirà per trasmettere il proprio disagio e la propria angoscia anche ai figli e ai nipoti. «Ognuno di noi ha dentro di sé un cantuccio» spiega Alice Miller (1996, p. 33) «in cui si trova l'apparato scenico del dramma della sua infanzia. Gli unici che con certezza avranno accesso a questo deposito saranno i nostri figli. Per mezzo loro, l'apparato scenico sarà vitalizzato: il dramma va avanti.»

Eppure, se è vero che può esistere una catena, esistono anche i mezzi per spezzarla. Non si tratta di rimuovere o di negare il passato, ma di decidere di cambiare dopo avere capito che cosa è accaduto e perché. Qualcuno riesce a compiere questo lavoro autonomamente, aiutato dagli eventi e dalle persone con cui vive, altri raggiungono una comprensione attraverso una improvvisa appercezione, un *insight*, punto culminante di una autoanalisi o di una improvvisa intuizione, come Emma: «Avevo dodici anni, giudicavo sbagliata la separazione e pensavo "voi pensate alla vostra vita e non a me". A un certo punto però ho capito che potevo fare una scelta: diventare una persona cupa e chiusa oppure il contrario. Ho preferito la solarità e crescendo mi sono anche resa conto che le persone hanno diritto alla vita privata, che non devono rimanere insieme se stanno male». «A un certo punto ho capito che non esiste una vita "normale",» spiega Mimmo «ma esistono situazioni non soddisfacenti e soddisfacenti e queste devono essere cercate o create, a volte grazie anche all'aiuto degli altri, oltre che a una maturazione personale attraverso la riflessione.» Qualcuno, per accelerare i tempi, si fa aiutare da una persona esperta come uno psicoterapeuta. Qualcun altro guarisce la propria ferita grazie a una relazione felice col partner, ampliando i propri orizzionti o dedicandosi a una attività creativa che gli consente di collocare in secondo piano i traumi passati e di rimanere in stretto contatto con i propri sentimenti e bisogni attuali. E c'è anche, naturalmente, chi trova nella religione il proprio puntello. L'importante è che le conseguenze delle delusioni e dei traumi infantili non distruggano la vita degli altri e la propria e non portino, come può a volte accadere, a sviluppare un falso Sé rendendo poi impossibile ricostruirsi.

Non esiste un'unica via per raggiungere la serenità e liberarsi degli ingombri del passato e «il nostro cervello» spiega ancora la Miller (p. 126) «è paragonabile a un computer dotato di innumerevoli programmi. Come possiamo pretendere di conoscerli tutti perfettamente e di ritenere che un solo metodo terapeutico possa venire a capo di tutti i programmi educativi caricati nei primi anni di vita? È impossibile. Ma forse possiamo scoprire quali di questi programmi lavorano per noi e quali contro di noi. Se il bambino non è in grado di farlo, l'adulto può provare. E può riuscirvi, se cerca di mantenere la sua autonomia».

Per non restare tutta la vita sotto l'influenza delle esperienze infantili e delle eventuali inibizioni e distorsioni a esse connesse, bisogna in primo luogo ricostruire la propria storia personale cogliendone luci e ombre e, successivamente, decidere di non ristagnare nei ricordi del passato ma di andare oltre seguendo il flusso dell'esistenza. Finché non si chiariscono alcuni passaggi critici, finché non si fanno tornare alla coscienza alcuni ricordi inconsci, si rischia di esserne pilotati e di trasmetterli ai figli. Questa però è soltanto la prima fase del lavoro che bisogna fare su se stessi. La seconda fase è importante quanto la prima. «Non possiamo cambiare neppure una virgola del nostro passato, né cancellare i danni che ci furono inflitti nell'infanzia» scrive la Miller (p. 11). «Possiamo però cambiare noi stessi, riparare i guasti, riacquistare la nostra integrità perduta.» Bisogna prendere l'iniziativa, come fanno le persone resilienti.

Scheda 9
Il ruolo dei nonni

A seconda dell'atteggiamento che assumono e delle scelte che fanno, i nonni possono contribuire ad aggravare la conflittualità familiare, oppure sostenere genitori e nipoti nei momenti critici. Quando i genitori litigano, una nonna può essere l'unica persona disposta ad ascoltare il nipotino e a trasmettergli ottimismo. Un nonno può sostituire la figura maschile quando il padre se ne va di casa, non si fa più vivo o mantiene coi figli rapporti sporadici. Qualche volta i nonni possono sostituire entrambi i genitori e questo può dar luogo a esiti diversi, come emerge dalla testimonianza di Gilberto, figlio unico (sette anni alla separazione, dieci al divorzio).
«Dopo la separazione sono stati i nonni materni a prendersi carico di me. Mi hanno voluto più bene dei miei genitori. Mi hanno dato molto affetto e amore, anche se spesso in modo soffocante. Negli ultimi anni della loro vita – siccome io continuavo a dire che i miei genitori avevano sbagliato e sarebbero dovuti restare insieme per prendersi cura di me, farmi crescere, concedermi più autonomia di quanta me ne concedessero loro, sempre preoccupati che mi potesse accadere qualcosa – loro hanno cercato di aiutarmi a capire. Hanno fat-

to un quadro della situazione partendo dall'inizio – cosa che i miei genitori non si erano sognati di fare – e così mi hanno raccontato che mio padre e mia madre si erano conosciuti molto giovani, intorno ai quindici anni ed erano praticamente cresciuti insieme anche se in maniera diversa. Mio padre è un tipo molto posato, controllato e soprattutto religioso, mentre mia madre una scapestrata che si drogava, dormiva giornate intere e viveva in conflitto con la società. Mio padre, che era innamorato, non voleva lasciarla e la considerava dolce, fedele e religiosa perché questo era ciò che lei gli faceva credere e che lui voleva credere; invece lei è tante donne diverse messe insieme: dolce sì ma anche "sciroccata", furba e bugiarda: una donna dai mille volti che aveva bisogno della sua libertà e stava già con parecchi uomini fin da quando era fidanzata. Mi spiegarono poi che ognuno deve vivere la sua vita, di cui è responsabile, e che a un certo punto bisogna smetterla di pensare alle cose che sono andate storte. Insomma, i miei nonni mi hanno aiutato a capire che cosa era successo e ad accettare di avere avuto questo tipo di madre che per me era quanto di peggio.»

In un periodo di crisi, i nonni possono rappresentare, per i nipoti, la continuità familiare, il porto sicuro.

Guardare oltre

Un importante concetto cui si fa spesso riferimento, attualmente, nella letteratura sul divorzio è quello di resilienza, l'abilità di risollevarsi da eventi negativi. A differenza della "resistenza", più passiva, la resilienza implica una reazione attiva, la capacità di prendere l'iniziativa cercando di individuare i punti di forza in se stessi e fuori di sé.

Come abbiamo notato, la resilienza o forza d'animo può essere paragonata al sistema immunitario dell'organismo che, se attaccato, mette in campo tutte le risorse di cui dispone in quel momento. Di fronte a eventi come un lutto, la perdita del lavoro, un terremoto o la divisione della famiglia si possono assumere due diverse attitudini: *retroattiva* e *proattiva*. Nel primo caso ci si convince di non poter far nulla, di essere nati sfortunati, di essere deboli e in balia degli eventi; nel secondo, invece, si cerca di vedere come affrontare la situazione e come risolvere i problemi, restando sensibili ai segnali inviati dall'ambiente e dagli altri, usando cioè una forma di intelligenza emotiva anziché trincerandosi in se stessi ed escludendo l'emozione. L'individuo che, nel tentativo di resistere al colpo, nega la realtà, regredisce e reprime le emozioni, perde i contatti col proprio sé profondo, si indurisce fino a diventare insensibile e soltanto in apparenza indistruttibile. La vera resilienza consente invece di ricostruirsi senza perdere la propria umanità.

Fondamentale perché questo meccanismo possa attuarsi è non cadere nella trappola di considerarsi danneggiati per sempre, ma pensare di potersi risollevare, come è accaduto ad altri prima di noi. Agata ha descritto il divorzio dei genitori come un mostro con cui doveva lottare giorno per giorno. «Dovevo essere sempre in guardia. Lottavo continuamente per paura che mi controllasse. Lottavo con i miei genitori, con mio marito, con i miei amici per evitare che ciò che mi era successo da bambina mi succedesse da adulta. Ero sempre tesa, sempre diffidente e ciò era all'origine di problemi e incomprensioni. Soltanto quando mi resi conto che quel divorzio era avvenuto ventitré anni prima e che a distanza di tanti anni non poteva più riguardarmi, ho smesso di temere il mostro e di lottare contro di lui e, proprio come nelle favole, il mostro è scomparso. Avevo solo bisogno di essere me stessa e di vivere la mia vita. Avevo bisogno di accettare le persone per ciò che sono e non cercare continuamente che le cose siano perfette o debbano andare per forza come dico io.»

Una riflessione può avere la forza di una rivelazione che capovolge uno schema interpretativo radicato dentro di noi, come indicano i fautori delle strategie metacognitive, basate appunto sulla riflessione in merito alle dinamiche del nostro pensiero in vista di modificarle. Quando cessiamo di considerarci delle vittime, quando smettiamo di sentirci dei perseguitati, non siamo più costretti a combattere vecchie battaglie. Ciò ci consente di prestare attenzione ad altri aspetti dell'esistenza e di vivere più serenamente nel presente. Si diventa resilienti se si smette di aggrapparsi agli aspetti negativi della vita, ai ricordi dolorosi, alla sensazione, che può diventare un'abitudine, di essere vittime per l'eternità.

Alla ricerca dei ricordi perduti

È molto raro che una persona, anche se la sua infanzia è stata difficile e confusa, non ne abbia qualche ricordo positivo o non conservi memoria di momenti in cui si è sentita amata e valutata. Può però accadere che i ricordi negativi, sotto l'effetto delle emozioni, vengano enfatizzati, rievocati spesso e si imprimano così nella memoria occupando uno spazio eccessivo e obiettivamente ingiustificato. Quando ciò si verifica bisogna compiere uno sforzo per recuperare i ricordi belli che sono rimasti in ombra per tanto tempo.

Dobbiamo imparare a usare la memoria a nostro vantaggio. La memoria è una dimensione fondamentale della nostra personalità perché, collegando informazioni ed esperienze diverse, dà continuità al nostro mondo interiore. Essa non opera una ricostruzione meccanica, ma seleziona le informazioni sulla base della nostra soggettività. Siamo noi che, sotto l'azione delle emozioni, ingigantiamo la portata di alcuni ricordi e minimizziamo quella di altri. Ciò spiega anche perché persone diverse possano avere ricordi completamente differenti dello stesso evento. Non dobbiamo lasciare che siano soltanto i ricordi negativi a plasmarci. Anche quelli positivi hanno un carica di emozionalità che può essere riportata in superficie.

Un'infanzia serena non dipende soltanto dall'avere due genitori che continuano a restare insieme. Sappiamo che esistono famiglie intatte ma disfunzionali, che sembrano felici ma non lo sono. In realtà, il fattore che maggiormente contribuisce è la percezione che un bambino ha di se stesso: se cioè si sente amato, curato, valutato, se può vivere spensierato senza doversi preoccupare troppo per le vicende dei suoi genitori. «La vita con mio padre e mia madre era regolare ma noiosissima» spiega Ciro, tredicenne. «Adesso che viviamo in una città e in una casa più grandi, che mi incontro spesso con Andrea, il figlio del convivente di mamma che ha la mia stessa età, la mia stessa passione per il calcio e degli amici simpatici, mi diverto molto di più. È come se prima il cielo fosse sempre nuvolo e ora ci fosse il sole. Sono contento della mia nuova famiglia, anche se in casa c'è più casino e qualche volta mamma è isterica perché papà si dimentica di mandare i soldi» (da A. Oliverio Ferraris, 1999, p. 545).

Anche Ada, dodicenne all'epoca della divisione, ha una percezione positiva di sé in quegli anni: «Il fatto di vederli separatamente mi ha consentito di avere un rapporto migliore con entrambi. Non ho mai pensato che non mi volessero bene e tanto meno di avere avuto un ruolo nella loro separazione. Il dialogo con la mamma è aumentato. Mi sono sempre sentita appoggiata da lei. Non ho risentito della separazione: ero spensierata, contenta, ottimista, completamente presa dai giochi e dalle attività con le amiche».

Ricordare anche i momenti positivi potenzia la fiducia in se stessi e l'autostima. Qui di seguito ci sono alcuni "esercizi" a uso di quanti, imprigionati in un circolo vizioso, ricordano soltanto gli aspetti negativi della loro infanzia:

a) cerca di far riemergere nella memoria i momenti felici vissuti con l'uno e l'altro genitore e le loro manifestazioni d'affetto in momenti diversi della tua vita;

b) cerca nella tua memoria i momenti felici e di svago trascorsi con gli amici, i fratelli, i parenti, nell'infanzia e nell'adolescenza;

c) considera da quali persone che non fanno parte della tua famiglia e in quali circostanze ti sei sentito accettato ("tu esisti", "sei dei nostri"), considerato ("sei capace", "sei mio amico"), oppure guidato;

d) cerca di ricordare un episodio in cui hai avuto la percezione di essere importante per qualcuno e al senso di soddisfazione che hai provato in quell'occasione;

e) pensa alle "lezioni positive" che hai ricevuto dai tuoi genitori;

f) cerca di ricordare un episodio in cui hai potuto manifestare le tue emozioni e i tuoi sentimenti e ti sei sentito capito e accettato;

g) pensa alle persone di cui hai potuto fidarti;

h) pensa a ciò che di positivo hai imparato dai cambiamenti che hanno fatto seguito alla separazione o al divorzio.

Bisogna infine considerare che la personalità di ognuno è il prodotto complesso di molti fattori, non soltanto degli eventi negativi e positivi del passato. È anche modellata dal presente, da come viviamo attualmente.

Colpe illusorie e false responsabilità

Contrariamente ad Ada che fin dall'inizio, pur essendo figlia unica, ha sempre pensato di non avere avuto alcun ruolo nella separazione, altri figli hanno invece la spiacevole sensazione di avere in qualche modo contribuito alla rottura del legame di coppia. Questo vissuto è più diffuso tra i bambini, che valutano gli eventi da una prospettiva unilaterale; crescendo ci si rende conto che molte sono le cose che non dipendono da noi, che due vicende vicine nel tempo o nello spazio non sono necessariamente l'una la conseguenza o la causa dell'altra, anche se soggettivamente accomunate dalla stessa condizione emotiva.

Un bambino di cinque o sei anni e oltre, può però pensare che la separazione del genitori sia dovuta a qualche suo errore o disobbedienza. Se per esempio la sera precedente è stato sgridato o punito, può associare la notizia della separazione con il rimprovero e convincersi di essere lui la causa di una decisione – per esempio l'uscita di casa del padre o della madre – in cui non ha avuto alcun ruolo. Il rimprovero potrà poi essere dimenticato o perdere di importanza col passare degli anni, ma ugualmente dentro di lui rimarrà la sensazione di essere portatore di una responsabilità e quindi di essere "colpevole". Ciò si verifica perché l'emozione provata allora in forma intensa è rimasta viva nella memoria mentre i fatti, confusi, si sono man mano affievoliti.

Il senso di colpa nei bambini di età scolare può nascere più facilmente quando si chiede loro di schierarsi con l'uno o con l'altro genitore. Una richiesta di questo tipo crea un conflitto di lealtà che può lasciare il segno soprattutto quando il bambino, a causa dell'età e della scarsa attenzione che si presta ai suoi sentimenti, non ha modo di esplicitare il suo stato d'animo.

In generale, il sentimento di colpa è utile quando aiuta a compiere scelte in linea con i propri valori. Portarsi dentro una colpa per qualcosa di cui non si è responsabili è invece controproducente: ci si biasima e si ha un'immagine negativa di sé. Prendere coscienza della trappola in cui si è caduti è dunque un passo da compiere. E se non lo si è potuto fare da bambini lo si può fare da adulti. Divorzio e riconciliazione sono decisioni della coppia, che in nessun caso possono essere correlate al comportamento di un figlio, anche se questi con la sua presenza può aver creato dei problemi in casa, suscitato reazioni severe o violente e anche se ciò rientra nelle sue aspirazioni e nei suoi sogni segreti.

L'emotività ha percorsi peculiari che spesso divergono dalla logica e dalla razionalità: questo è il motivo per cui anche nell'adolescenza i figli del divorzio possono a volte sentirsi responsabili di decisioni che riguardano la coppia. Ma c'è anche un'altra ragione. Nell'adolescenza, per motivi legati alla crescita e ai cambiamenti di personalità, si è ancora molto centrati su di sé cosicché, se non dispone di una valida spiegazione che giustifichi la decisione dei genitori, un ragazzo, come un bambino, può andare comunque alla ricerca di un motivo plausibile, trovandolo dentro di sé.

Tre passi per uscire dal vicolo cieco

Ma se la colpa non è sua, di chi è allora? Non ci sono molte alternative, il "colpevole" può essere papà, mamma, tutti e due oppure una terza persona che, intromettendosi nella coppia, ha "sviato" un genitore. Una spiegazione che colpevolizza un genitore o entrambi può creare uno stato di rabbia intensa in un figlio, il quale può portarsi dentro questo sentimento-risentimento anche in età adulta e riversarlo poi, inconsapevolmente, su altre persone. Ciò accade più facilmente se a suo tempo non ha avuto modo di esprimere e di elaborare questo sentimento. Ecco perché è bene, come è già stato ricordato in precedenza, che ai figli sia data la possibilità di manifestare i propri stati d'animo nel momento in cui li vivono, invece di richiedere loro di reprimerli per essere immediatamente "saggi", "buoni", "obbedienti", "comprensivi". Saggezza, bontà, obbedienza, comprensione, potranno arrivare in un secondo momento, dopo che si sono liberati dalla rabbia e dal risentimento.

Chi è adirato ha scarsa o nessuna tolleranza per gli errori e i difetti degli altri, in particolare per quelli dei genitori, a cui richiede uno standard di comportamento molto più elevato di quello che si richiede alle altre persone. In un clima del genere, un genitore non riuscirà mai a soddisfare le attese dei figli: come se la "colpa" di cui si è macchiato non fosse eliminabile in alcun modo ed egli dovesse espiare fino alla fine dei suoi giorni. Una relazione figlio-genitore di questo tipo è difficile da gestire, crea un clima pesante e barriere invalicabili. Per quanti sforzi possa compiere il genitore, la comunicazione resta bloccata, i fraintendimenti sono all'ordine del giorno, il risentimento emerge di continuo, anche per questioni irrilevanti.

Un primo passo da compiere per uscire da questo vicolo cieco consiste nel ridimensionare le aspettative nei confronti dei genitori. Per un bambino papà è Superman e mamma è la Fata Turchina, ma l'ottica di un figlio grande dovrebbe essere diversa anche se a molti piace restare legati al clima rassicurante delle favole. Anche i figli possono comprendere i genitori. Rabbia e risentimento diminuiscono quando si incomincia a considerare papà e mamma come persone normali, con i loro punti di forza e le loro debolezze. È difficile perdonare un genitore quando riteniamo che ci abbia traditi e abbandonati, quando pensiamo che sia stato bugiardo ed egoista e un bambino non sempre riesce a vedere l'affetto che si nasconde dietro ai silenzi del padre o della madre. In realtà, ripercorrendo le vicende del passato a distanza di tempo si può scoprire che papà e mamma hanno fatto ciò che era nelle loro possibilità in quel momento, che, per esempio, il genitore che ora vive fuori casa può a un certo punto aver abbandonato il campo non per indifferenza verso i figli, ma per non aggravare ulteriormente una situazione ingestibile. E tutto sommato il genitore affidatario è stato un buon genitore anche se solo.

Un secondo passo consiste nello sforzarsi di vedere i propri genitori al di fuori del ruolo limitativo di genitori. C'è la tendenza in ognuno di noi a fissare in uno stereotipo i propri genitori e a considerarli cristallizzati in quell'unica funzione, al di fuori del tempo e al di sopra delle umane passioni. Molti coltivano l'intima convinzione che non debbano avere una vita sessuale. Si esce da questa immagine statica e irrealistica quando si considera che anche loro sono stati bambini e figli e che come tutti hanno avuto le loro crisi. Esplorando in profondità il loro passato si può arrivare a comprenderli e sviluppare un'empatia che porta al perdono. «Avevo nove anni quando si sono separati e io mi sono schierata subito dalla parte di mia madre accusando mio padre di egoismo» spiega Renata. «Col tempo però li ho conosciuti meglio e ho capito anche le ragioni di mio padre: mia madre può essere molto indisponente, sembra arrendevole ma guai se tutto non viene fatto come vuole lei. Ho imparato a difendermi da mia madre e ad accettare la scelta di separarsi che ha fatto mio padre.»

Il terzo passo, che è la logica conseguenza dei due precedenti, consiste nel cercare di vedere i genitori come sono *adesso* senza continuare a sovrapporre la loro immagine che ci portiamo dentro dall'infanzia. Questo consente di porre fine all'autocommiserazione e al rimpianto per il genitore ideale. Si tratta anche di accettare l'idea che, come tutte le altre persone, cambiano e invecchiano. Le domande da farsi sono: «Siamo sicuri di vederli come sono in realtà?». «Da quanto tempo vivono divisi? Per quanto tempo ancora è lecito continuare a essere arrabbiati con loro?» Certamente i figli hanno il potere di punire i genitori per il resto dei loro giorni, rischiano però di andare incontro a perdite ancora maggiori quando non avranno più l'opportunità di riparare, di fare la pace. Le vite delle persone sono molto diverse le une dalle altre e non si devono compiere facili generalizzazioni (alcuni torti sono difficili da perdonare), in molti casi tuttavia ci sono le condizioni per concedere a se stessi e ai genitori la possibilità di vivere il rapporto *nel presente*: un rapporto adulto-adulto, attraverso il quale si esce definitivamente dal rapporto bambino-adulto, si accantona il passato e si riconosce che non è necessario punire loro (e di conseguenza punire anche se stessi) per l'imperdonabile "crimine" del divorzio.

Superare il risentimento non significa far finta che non sia accaduto nulla, ma lasciare alle spalle l'emotività e i sentimenti di allora. La vita si trasforma continuamente e offre nuove opportunità, a meno di restare per sempre legati al proprio passato. Non soltanto in età adulta, ma anche in precedenza, un figlio dovrebbe opporre resistenza al fatto che il divorzio di papà e mamma diventi il tema centrale della sua vita o il fulcro intorno a cui costruisce la sua identità.

Quando i genitori sono talmente presi dai propri problemi da trascurare le esigenze di crescita dei figli, questi o trovano dei sostituti parentali (per esempio, i nonni, un fratello o una sorella maggiore o altri) oppure devono imparare a *prendersi cura di sé*: un obiettivo che alcuni raggiungono da soli grazie alla loro forza interiore e alla loro creatività. Per esempio, ogni volta che Carlo, nove anni, intuisce che papà e mamma stanno per litigare si ritira in soffitta, dove ha creato quello che lui definisce un "rifugio atomico", ossia uno spazio antistress dove i giornaletti, i cd e un vecchio Hi-Fi gli consentono di isolarsi completamente dalle urla dei genitori.

In molti casi però gli adulti inviano ai bambini il messaggio che se uno pensa a se stesso è un egoista. Così tanti imparano a essere altruisti e a porre se stessi e le proprie esigenze all'ultimo posto rispetto a quelle di tutti gli altri. Ma ciò che può essere valido in tempo di pace non lo è più in tempo di guerra: nei momenti critici un po' di sano egoismo può essere salvifico.

È bene distinguere *egoismo* da *cura di sé*. L'egoismo si manifesta quando si bada soltanto alle proprie esigenze senza alcuna considerazione per quelle degli altri. Diverso invece è prendersi cura di sé per risollevarsi o per evitare di essere travolti dagli eventi della vita: chi sa avere cura di sé è in grado di trovare una soluzione ai propri problemi che sia vantaggiosa per lui, senza però trascurare gli altri. Non è opportuno né arroccarsi nel proprio egoismo dimenticandosi degli altri né mettersi sempre e comunque a loro completa disposizione, con il rischio poi di covare risentimenti nei loro confronti, sentirsi maltrattati e trascurati e cadere, alla fine, nella trappola del vittimismo e dell'autocommiserazione. Se è vero che aiutando gli altri spesso si finisce per aiutare anche se sessi, prendersi cura di sé è una reazione istintiva e sana di fronte a esperienze che rischiano di sopraffarci: non bisogna perciò cercare di soffocare questa reazione, soprattutto nei momenti difficili in cui è molto importante mantenersi vigili e in buona salute.

Appendice 1

GLI INTERVISTATI

Elenco dei nominativi e delle età dei cinquanta figli adulti di coppie divorziate, che con i loro racconti, le loro valutazioni, riflessioni e opinioni animano questo volume.

La fascia d'età dei nostri intervistati è compresa tra i diciotto e i quarant'anni. Essi rappresentano la prima vera e consistente generazione di figli adulti del divorzio. Nel corso della ricerca ci è capitato di intervistare anche figli con più di quarant'anni, che però abbiamo deciso di escludere dal gruppo di riferimento principale, perché rispecchiano un'epoca ed esperienze diverse rispetto a quelle del campione principale: infatti, essendo stati i primi in assoluto a vivere ufficialmente la divisione della famiglia, si consideravano "anomali" rispetto al resto della società e guardati con sospetto.

Nomi*	Età attuale	Età all'epoca della separazione dei genitori
1-Ada	24	12
2-Agata	40	10
3-Antonio	20	12
4-Barbara	24	17
5-Bruno	23	8
6-Chiara	25	8
7-Cristiano	25	11
8-Cristina	25	14
9-Dario	25	14
10-Dino	28	4
11-Domenico	32	16
12-Emma	26	12
13-Erica	26	19
14-Eugenio	40	14
15-Flavia	30	3
16-Francesco	31	11
17-Franco	32	7
18-Giacomo	26	8
19-Giancarlo	24	17
20-Gianna	24	16
21-Gilberto	23	7
22-Giuliana	24	15
23-Grazia	22	8
24-Ilda	21	14
25-Lea	21	15
26-Luisa	40	5

27-Marcello	21	14
28-Margherita	18	7
29-Mariella	25	12
30-Mario	22	12
31-Maura	28	10
32-Michela	36	18
33-Mimmo	31	12
34-Mirko	21	11
35-Paolo	33	14
36-Piera	26	22
37-Renata	22	9
38-Riccardo	28	5
39-Rita	24	13
40-Roberta	24	18
41-Rossana	24	3
42-Rosy	25	18
43-Salvatore	27	21
44-Sandra	26	12
45-Sara	28	2
46-Silvano	21	10
47-Sofia	30	7
48-Tullio	32	7
49-Virginia	19	14
50-Vittorio	27	15

Altri soggetti (figli di coppie divorziate e non) al di fuori del campione:

Agnese	28 anni
Anna	22 anni
Ciro	13 anni
Gisella	50 anni
Giuseppe	51 anni
Marco	8 anni
Ofelia	56 anni
Pietro	11 anni
Simone	8 anni
Zoe	49 anni

* Quelli indicati in queste due liste sono nomi di fantasia per garantire l'anonimato degli intervistati. Per lo stesso motivo non sono stati indicati altri elementi (attività dei genitori e dei figli, numero dei fratelli...) che avrebbero potuto renderli riconoscibili.

Le storie di vita a cui si fa riferimento in questo volume sono state raccolte sotto forma di intervista dall'autrice e da sei studenti di Psicologia che, sul tema del divorzio, hanno svolto la loro tesi di laurea. Ringrazio per il loro valido apporto le dott.sse:

Angela Cagnazzo
Daria Capponi
Angela Deflorio
Natalina Falivene
Paola Gherosi
Barbara Piottolo

Appendice 2

FIGLI IN ETÀ EVOLUTIVA, LINEE GUIDA PER GENITORI SEPARATI E DIVORZIATI

In queste tavole sono indicate per i genitori alcune linee guida a cui attenersi quando non si riesce a trovare un accordo.

Per cinque diversi gruppi di età sono indicati: i capisaldi dello sviluppo (legami di attaccamento con i genitori, identità, dimensione dipendenza/indipendenza, emozioni, competenze sociali); le conseguenze che il divorzio può avere in rapporto ai compiti dello sviluppo; i rischi che corrono i figli quando i genitori si separano; le misure da considerare per evitare o ridurre il disagio.

È superfluo ricordare che si tratta di indicazioni orientative che devono essere adattate alla situazione e al singolo bambino.

Che fare, in caso di separazione o divorzio, con bambini da zero a due anni e mezzo?

Capisaldi dello sviluppo:

- si formano i legami di attaccamento con le figure primarie
- i bambini sviluppano un senso di fiducia nei confronti dell'ambiente e del mondo
- nel corso del terzo anno: primi segni del senso di indipendenza dovuto anche allo sviluppo del linguaggio e della locomozione
- nella prima metà del terzo anno aumenta la capacità di sostituire le figure primarie con altre o con simboli

Conseguenze (possibili) della separazione o del divorzio:

- sentimento di perdita di contatto con una figura primaria
- sentimento di perdita dell'ambiente familiare (ritmi, presenze, voci, routine)

Rischi:

- la perdita di contatto con una figura primaria può causare depressione e regressione (il bambino si comporta come se fosse più piccolo)
- una lunga separazione da una figura di attaccamento primaria può creare problemi per future separazioni e altre relazioni affettive

Se i genitori vivono vicini:

- il bambino deve restare nella casa in cui ha trascorso i primi anni
- il genitore non residente (n.r.) cerca di incontrarlo di frequente, in rapporto al tipo di relazione che avevano precedentemente
- se l'affidamento è congiunto: stabilire in quale abitazione il bambino trascorre la notte (l'alternanza è da scoraggiarsi)

Se i genitori vivono lontani:

- favorire gli incontri frequenti del bambino con il genitore n.r.; può essere il genitore residente a portare il piccolo dal genitore n.r.
- se la distanza è grande, ricordare il genitore con foto, telefonate, una favola raccontata su nastro eccetera

Che fare, in caso di separazione o divorzio, con bambini da due anni e mezzo a cinque anni?

Capisaldi dello sviluppo:

- aumenta la consapevolezza della propria individualità
- interiorizzazione delle figure primarie e capacità di pensare al genitore lontano (autoconforto)

- il bambino incomincia a esprimere verbalmente sentimenti e stati d'animo
- identificazione col genitore del proprio sesso

Conseguenze (possibili) della separazione e del divorzio:

- può considerarsi responsabile della separazione (pensiero magico, egocentrismo)
- ansia relativa al soddisfacimento dei bisogni primari: alimentazione, cure fisiche, spostamenti
- fantasie di riunificazione
- difficoltà transitorie nei trasferimenti da una abitazione all'altra

Rischi:

- regressione: perdita di competenze già acquisite
- perdita del genitore del sesso opposto come agente socializzante, o del genitore dello stesso sesso come modello di identificazione
- sentimenti di abbandono che possono tramutarsi in tristezza, depressione, scarsa autostima

Se i genitori vivono vicini:

- distribuzione del tempo (da trascorrere con entrambi i genitori) simile, per quanto è possibile, al periodo precedente la separazione

- con la crescita si allungano i tempi delle visite al genitore n.r.
- verso i tre anni può dormire una notte a settimana dal genitore n.r. e a cinque anni due notti a settimana, massimo tre (valutare in base alle reazioni del bambino: ci possono essere grosse differenze da caso a caso)
- se un genitore ha poco tempo e l'altro invece ne ha di più, il bambino può incontrare il genitore più impegnato nei fine settimana e una volta durante la settimana

Se i genitori vivono lontani:

- il genitore residente accompagna il figlio dal genitore n.r.
- notti fuori casa due, massimo tre di seguito (flessibilità in base al temperamento del bambino)
- mantenere contatti telefonici o scritti con il genitore n.r.
- ricordare il genitore con fotografie, oggetti, parole eccetera

Che fare, in caso di separazione o divorzio, con bambini da sei a otto anni?

Capisaldi dello sviluppo:

- relazioni con i coetanei e rapporti con la comunità
- sviluppo del senso morale
- empatia e maggior controllo delle emozioni
- sviluppo dell'immagine di sé in rapporto a competenze e abilità

Conseguenze (possibili) della separazione e del divorzio:

- tristezza
- espressione diretta del dolore e della collera
- timori concernenti denaro, cibo, abitazione
- paura di perdere entrambi i genitori
- autoaccusa: si considera la causa del divorzio, cerca di riunire la famiglia

Rischi:

- peggioramento nel rendimento scolastico
- stati depressivi
- preoccupazioni relative al divorzio, verbalizzazione ansiosa
- tentativi di riunire i genitori con *acting-out* (malesseri, scarso rendimento scolastico, mutismo, eccetera)

Se i genitori vivono vicini:

- alcuni bambini hanno ancora bisogna di far base in una abitazione
- visite da uno a tre giorni nella casa del genitore n.r., oppure: una settimana con ciascuno purché possa mantenere i contatti con amici, svolgere le normali attività nel quartiere, raggiungere la scuola, eccetera
- può dormire dal genitore n.r. varie notti
- a otto anni può trascorrere una intera settimana presso l'uno o l'altro genitore

Se i genitori vivono lontani:

- può fermarsi dal genitore n.r. anche due settimane
- il genitore n.r. che va a trovare il figlio può trascorrere dei fine settimana lunghi, approfittandone per conoscere gli amici del figlio, incontrare gli insegnanti, eccetera
- gli deve essere consentito di mantenere i contatti (telefono, lettera, e-mail) con il genitore n.r.
- le visite possono essere più lunghe (fino a quattro settimane) se ha otto anni o se è accompagnato da un fratello/sorella maggiore, soprattutto quando conosce già il luogo in cui vive il genitore n.r.
- possibile nostalgia di casa; può essere necessario accorciare la visita

Che fare, in caso di separazione o divorzio, con bambini da nove a dodici anni?

Capisaldi dello sviluppo:

- acquisizione crescente di competenze scolastiche, atletiche, artistiche, sociali
- maggiore consapevolezza di sé; valutazione delle proprie forze e limiti in rapporto agli altri
- collocazione sociale tra i pari in base all'immagine di sé

Conseguenze (possibili) della separazione e del divorzio:

- comprensione empatica di uno o entrambi i genitori con possibile condanna di uno dei due (schierarsi)
- richiesta di spiegazioni adeguate (livello adulto)
- percezione della propria vulnerabilità e del proprio rifiuto; tristezza, rabbia, dolore, colpa
- possibili sentimenti di vergogna nella comunità

Rischi:

- interferenze col rendimento scolastico
- bugie e inganni superiori alla norma
- alleanza con un genitore a scapito dell'altro
- solitudine, depressione, scarsa autostima

Se i genitori vivono relativamente vicini:

- abita in una sola casa; trascorre serate, fine settimana, svolge attività con l'altro genitore in base ad un programma regolare e prevedibile, oppure: due settimane da un genitore e due dall'altro, oppure: soluzione "nido": ad alternarsi in casa sono i genitori, non i figli
- se i rapporti sono buoni con entrambi i genitori, le vacanze estive sono divise equamente
- i figli devono essere consultati

Se i genitori vivono lontani:

- visita una volta ogni tre settimane o una volta al mese all'altro genitore, in rapporto alla distanza e alla possibilità di viaggiare
- il genitore n.r. parla con insegnanti, istruttori, partecipa a manifestazioni e ricorrenze
- metà delle vacanze di Natale ed estive col genitore n.r.
- se i rapporti sono buoni con entrambi i genitori, le vacanze estive sono divise al 50 per cento
- i figli devono essere consultati

Che fare, in caso di separazione o divorzio, con bambini tra i tredici e i diciotto anni?

Capisaldi dello sviluppo:

- emancipazione psicologica: ulteriore strutturazione dell'identità
- "lutto" per la perdita dell'infanzia; dipendenza; ricerca di protezione in famiglia
- gestire gli impulsi sessuali
- confrontarsi con le regole della società

Conseguenze (possibili) della separazione e del divorzio:

- l'assenza di una famiglia intatta con cui confrontarsi può portare a una emancipazione precoce e a ribellione

- sentimenti di imbarazzo nei confronti della propria famiglia
- possibile svalutazione di uno dei genitori o di entrambi
- irritazione per la vita sessuale dei genitori
- gli amici o gli impegni vengono collocati al primo posto: il figlio dirada le visite al genitore n.r.

Rischi:

- possibili *acting-out* – droga, sesso, fughe, sette, eccetera – per acquisire un senso di appartenenza
- adolescenza ritardata: desiderio di rimanere bambino
- dubbi sulle proprie capacità; investimenti eccessivi nelle relazioni o rotture improvvise

Raccomandazioni se i genitori vivono vicini:

- risiede nella casa di un genitore e incontra l'altro in particolari sere, fine settimana, attività previste e regolari, oppure: soggiorna della casa dell'uno e dell'altro per periodi di due settimane, oppure: soluzione "nido": a muoversi sono i genitori
- definire un programma delle visite e degli spostamenti con flessibilità: il programma deve essere definito insieme al ragazzo/ragazza

Raccomandazioni se i genitori vivono lontani:

- da uno a tre fine settimana nell'altra casa in rapporto alla distanza e alla capacità di viaggiare
- programma concordato di visite e spostamenti con flessibilità: i ragazzi devono essere coinvolti nelle decisioni
- il genitore n.r. si reca dal figlio per contatti con insegnanti, istruttori, amici, eccetera
- metà delle vacanze col genitore n.r.
- se la lontananza è eccessiva ci si incontra nelle ricorrenze (Natale, Pasqua, compleanni); le vacanze vengono trascorse per la maggior parte con il genitore n.r.

BIBLIOGRAFIA

AMATO P.R. (2001), *Children of Divorce in the 1990s: an Update of the Amato and Keith Meta-Analysis*, «Journal of Family Psychology», vol. 15, n. 3, pp. 355-370

BEAVERS R. (1986), *Il matrimonio riuscito*, Astrolabio, Roma

BILLER H.B. (1982), *Fatherhood: Implication for Child and Adult Development*, in BENJAMIN B.W, *Handbook of Developmental Psychology*, Prentice-Hall, Englewood Cliffs, N.J.

BLOCK E AL. (1988), *Parental Functioning and the Home Environment in Families of Divorce*, «Journal of the American Academy of Child and Adolescent Psychiatry», n. 27, pp. 207-213

BOGLIOLO C., BACHERINI A.M. (1996), *Bambini divorziati. Dalla crisi di coppia alla mediazione familiare*, Edizioni Del Cerro, Tirrenia

BOHANNAN P. (1970), *Divorce and After: an Analysis of the Emotional and Social Problems of Divorce*, Anchor, Garden City, N.Y.

CIGOLI V, GALIMBERTI C., MOBELLI M. (1998), *Il legame disperante: il divorzio come dramma di genitori e figli*, R. Cortina, Milano

Corneau G. (2003), *Père manquant fils manqué*, Les éditions de l'homme, Québec

Dolto F. (1988), *Quand les parents se séparent*, Ed. du Seuil, Paris

Elkind D. (1995), *Ties That Stress*, Harvard University Press, Massachusetts

Emery R.E. (1982), *Interparental Conflict and the Children of Discord and Divorce*, «Psychological Bulletin», n. 92 (2), pp. 310-330

Emery R. (1994), *Il divorzio. Rinegoziare le relazioni familiari*, Franco Angeli, Milano

Francescato D. e al. (1999), *Gli effetti a lungo termine della separazione familiare. Adolescenti e giovani adulti di famiglie separate e unite a confronto*, «Età Evolutiva», febbraio (62), pp. 1223

Hetherington E.M. e Kelly J. (2002), *For Better or for Worse: Devorce Reconsidered*, W.W. Norton & Company, New York

Holmes T.H. e Rahe R.H. (1967), *The Social Readjustment Rating Scale*, «Journal of Psychosomatic Research», n. 11, pp. 213-219

Kitson C.G. e Raschke H.J. (1981), *Divorce Research: What We Know, What We Need to Know*, «J. of Divorce», n. 4, pp. 1-37

Malagoli Togliatti M. (2002), *Affido congiunto e condivisione della genitorialità*, Franco Angeli, Milano

Miller A. (1996), *Il dramma del bambino dotato e la ricerca del vero sé*, Boringhieri, Torino

Oliverio Ferraris A. (1997), *Il terzo genitore. Vivere con i figli dell'altro*, R. Cortina, Milano

Oliverio Ferraris A. (1999), *Figli di famiglie divorziate e ricomposte: identità e storia familiare*, in Andolfi M. (a cura di), *La crisi della coppia, una prospettiva sistemico-relazionale*, R. Cortina, Milano

ROUSSEL L.(1989), *La famille incertaine*, Jacob, Paris

SHAPIRO S.A. (1984), *Manhood: A New Definition*, Putnam's Sons, New York

SCHAFFER H.R. (1990), *Making Decisions about Children*, Basil Blackwell, Oxford UK

SMALL M.F. (2001), *Kids: How Biology and Culture Shape the Way We Raise Our Children*, Doubleday ed., USA

STAAL S. (2000), *The Love They Lost: Living with the Legacy of Our Parents' Divorce*, Delta Book, New York

THAYER E., ZIMMERMAN J. (2001), *The Co-Parenting Survival Guide: Letting Go of Conflict after a Difficult Divorce*, New Harbinger Pubblication, Oakland CA

ZIMMERMAN J. & THAYER E. (2003), *Adult Children of Divorce*, New Harbinger Pubblications, Oakland CA

WALLERSTEIN J., BLAKESLEE S. (1989), *Second Chances: Men, Women, and Children a Decade After Divorce*, Houghton Mifflin, Boston.

WALLERSTEIN J., LEWIS J., BLAKESLEE S. (2002), *The Unexpected Legacy of Divorce*, Hyperion, NewYork

WEISS R. (1975), *Marital separation*, Basic Book, New York

WHITE L.G. (2002), *When Children Have Two Father: Effects of Relationship With Stepfather and Non Custodial Fathers on Adolescent Outcomes*, «Journal of Marriage and Family», vol. 60, pp. 160-172

INDICE

Finito di stampare nel mese di aprile 2015 presso
Grafica Veneta – Via Malcanton, 2 – Trebaseleghe (PD)
Printed in Italy

RCS
Libri

ISBN 978-88-17-08016-3